国藏风雅（下册）

镇海区第一次全国可移动文物普查成果集粹

宁波市镇海区文物保护管理所 编

西泠印社出版社

# 目 录

## 竹木雕

## 家　具

## 织　绣

## 古　籍

# 雕塑、造像

**铁观音寺石将立像**

南宋（1127～1279）

通长65厘米，通宽43厘米，高175厘米

**铁观音寺石将立像**

南宋（1127～1279）

通长75厘米，通宽47厘米，高185厘米

## 铁观音寺石将立像

南宋（1127～1279）

通长72厘米，通宽43厘米，高180厘米

**德化窑白釉观音瓷坐像**

明（1368～1644）

通长8厘米，通宽9.5厘米，高23.5厘米

# 龙泉窑青釉观音瓷坐像

明（1368～1644）

通长7厘米，通宽6.5厘米，高21厘米

## 铜佛坐像

明（1368～1644）

通长6.5厘米，通宽3.2厘米，高12.1厘米

**铜鎏金佛坐像**

明（1368～1644）

通长6.8厘米，通宽5.2厘米，高10厘米

铜鎏金佛坐像

明（1368～1644）

通长21厘米，通宽13.5厘米，高31厘米

## 铜鎏金佛坐像

明（1368～1644）
通长2.1厘米，通宽1.5厘米，高3.5厘米

铜送子观音坐像

明（1368～1644）

通长7.3厘米，通宽3.9厘米，高11.1厘米

**铜漆金文官坐像**

明（1368～1644）

通长12.5厘米，通宽9.5厘米，高24厘米

**銅漆金武將坐像（殘）**

明（1368～1644）

通長9.4厘米，通寬5.2厘米，高14.3厘米

**铜鎏金象摆件**

明（1368～1644）

通长13.8厘米，通宽4.3厘米，高9.8厘米

釋迦牟尼觸地印銅坐像

清（1616～1911）

通長11.8厘米，通寬8.5厘米，高15.5厘米

**德化窑白釉观音瓷立像**

清（1616～1911）

通长12.5厘米，通宽10厘米，高34厘米

# 德化窑白釉送子观音瓷坐像

清（1616～1911）

通长14.8厘米，通宽9厘米，高24厘米

**景德镇窑粉彩弥勒瓷坐像**

清（1616～1911）

通长13.5厘米，通宽9.5厘米，高17.5厘米

### 景德镇窑粉彩瓷观音坐像

清（1616～1911）

通长8.5厘米，通宽6厘米，高17.5厘米

**德化窑白釉关羽瓷坐像**

清（1616～1911）

通长13.5厘米，通宽12厘米，高26厘米

**漆金玻璃仕女立像**

清（1616～1911）

通长5.5厘米，通宽8.5厘米，高26厘米

# 书法、绘画

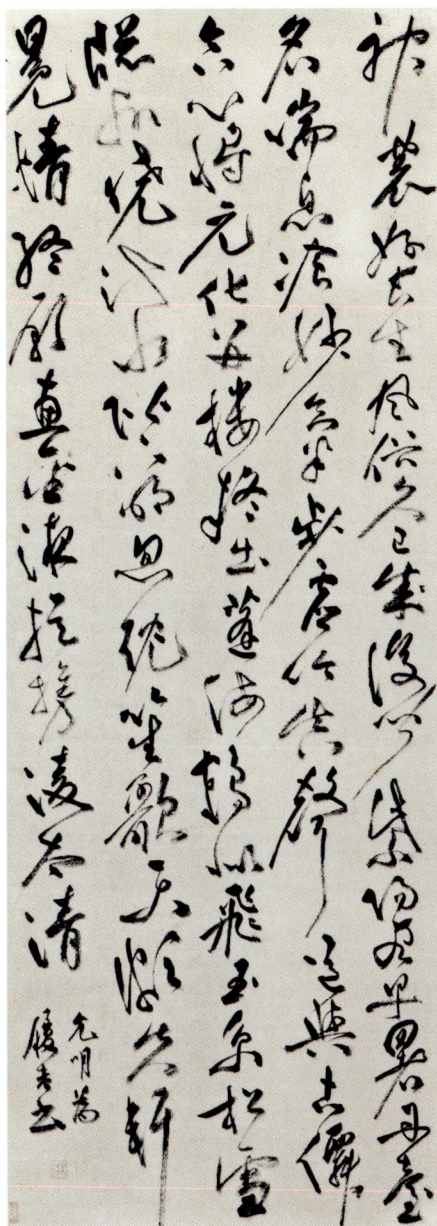

**祝允明草书诗句轴**

明（1368～1644）

纵140厘米，横50厘米

## 吴东发篆隶祀三公山神碑轴

清（1616～1911）

纵124厘米，横27厘米

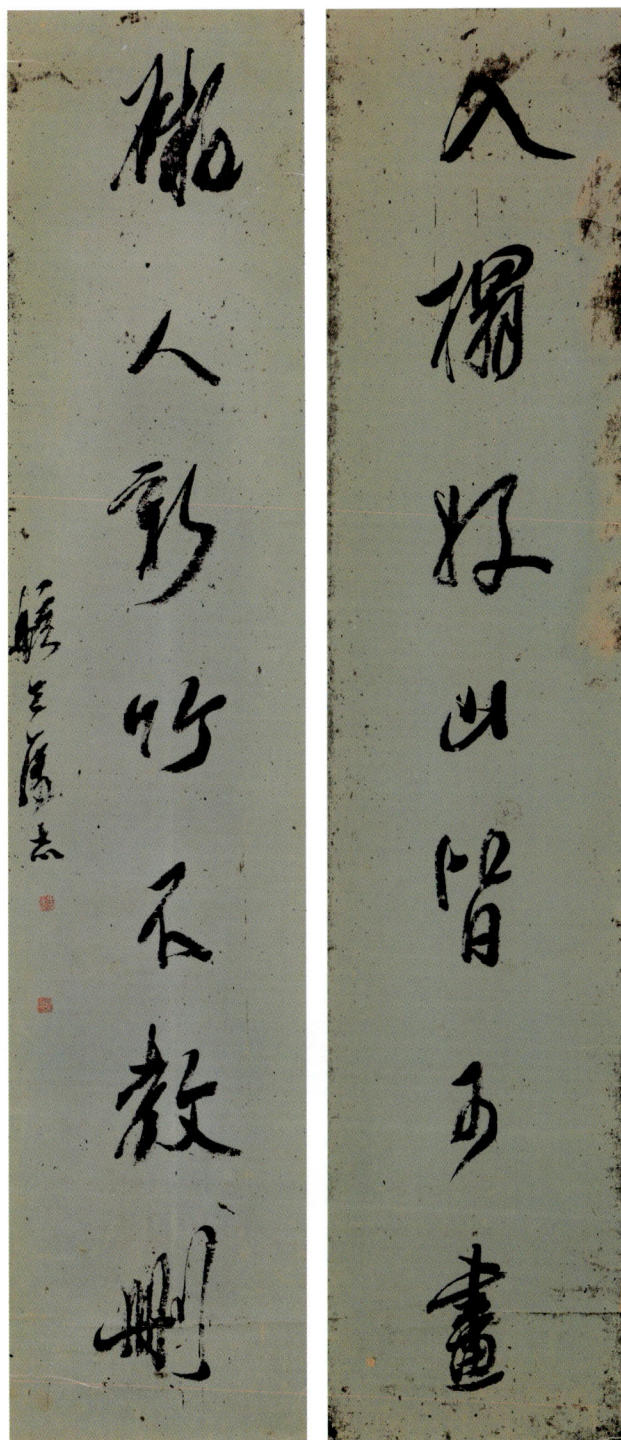

## 厉志行草书七言对联

清（1616～1911）

纵127厘米，横29厘米

大勇却慈祥論古畧同曹武惠

至誠相許與有章曾薦郭汾陽

湘鄉曾國藩謀幵書

## 曾国藩楷书十二言对联

清（1616~1911）

纵160厘米，横20厘米

文得中和品尤贵

官居清美名亦香

左宗棠

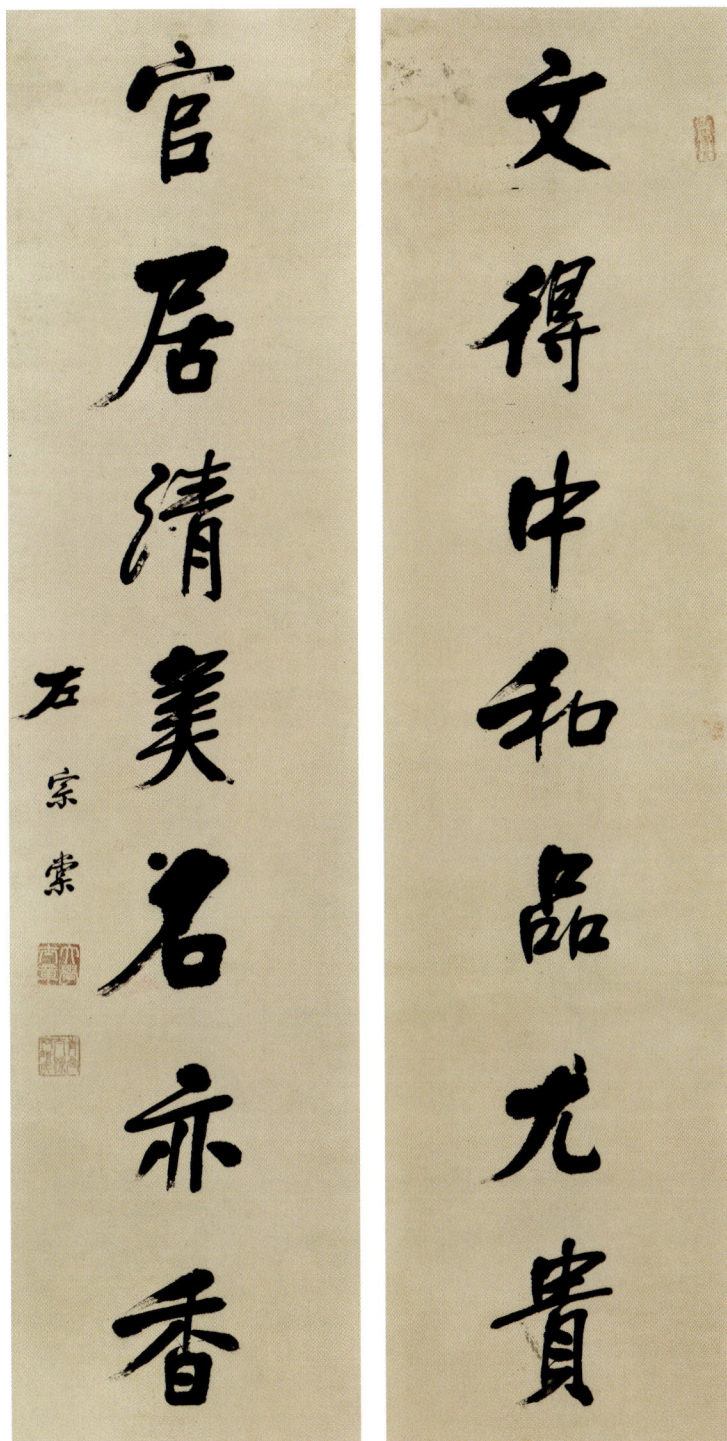

## 左宗棠行书七言对联

清（1616～1911）

纵120厘米，横30厘米

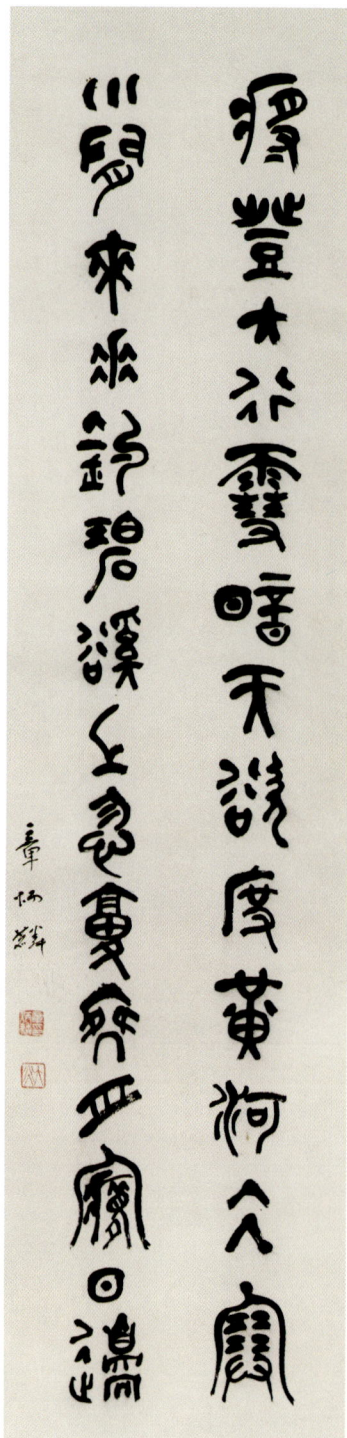

**章太炎篆书七言诗轴**

清（1616～1911）

纵120厘米，横29厘米

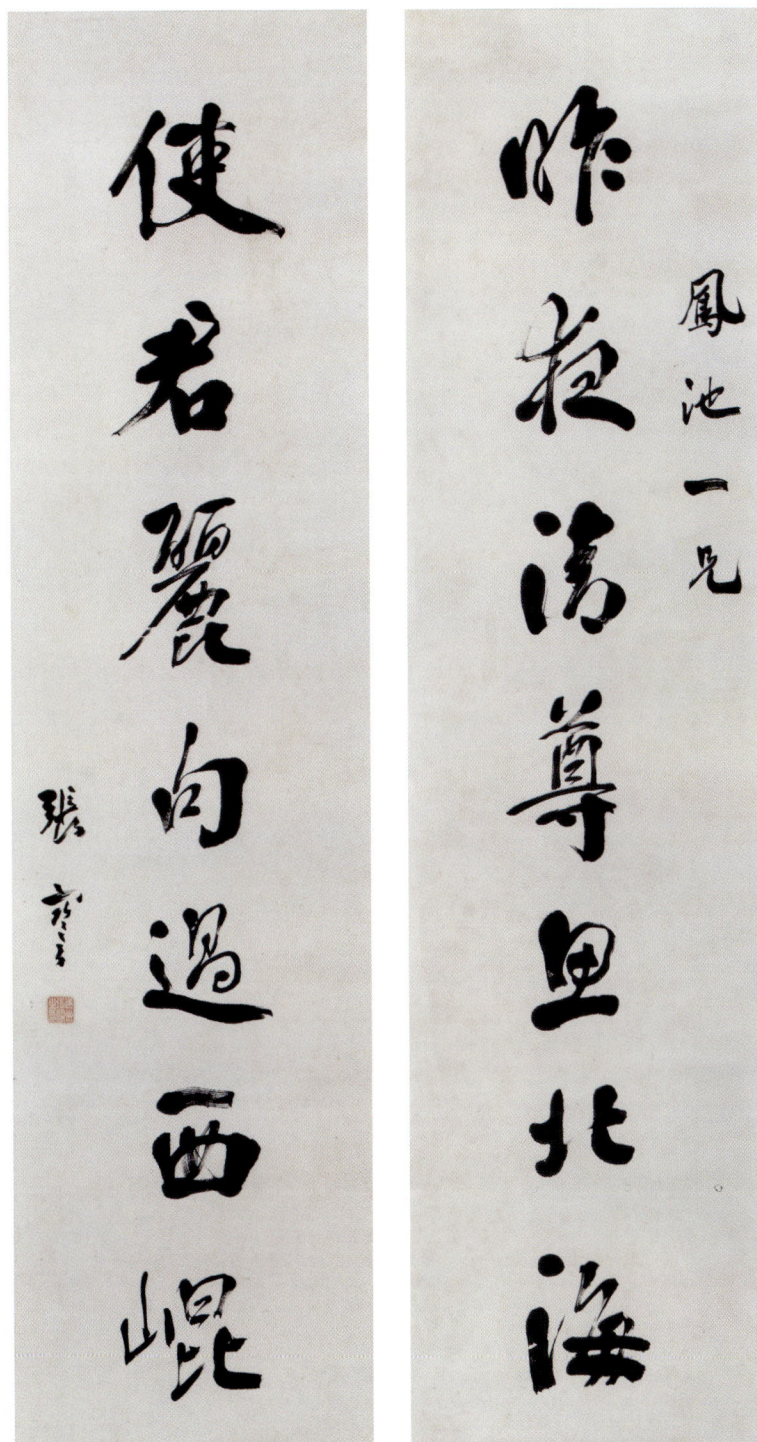

## 张謇行书七言对联

清（1616～1911）

纵150厘米，横38厘米

## 马豫竹石图轴

清（1616~1911）

纵140厘米，横75厘米

## 张维屏古木幽篁图轴

清（1616～1911）

纵115厘米，横30厘米

洞庭春水碧連天素壁仙人夜扣
船何處乘槎入斗直憑銀漢泛
虹泉倣唐解元筆意
道光壬午三月西禳居士顧洛鵬

## 顾洛山水图轴

清（1616～1911）

纵79厘米，横33厘米

## 包栋拟王叔明松声泉韵图轴

清（1616～1911）

纵165厘米，横42厘米

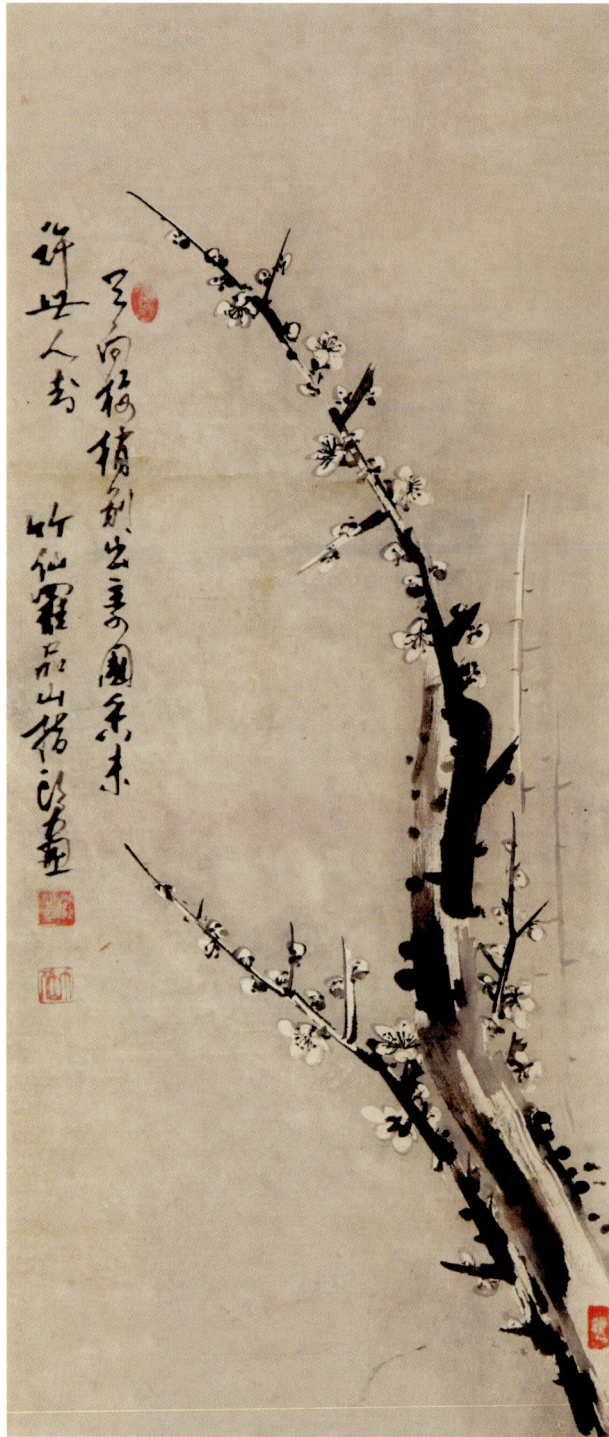

**罗品山指墨梅图轴**

清（1616~1911）

纵76厘米，横33厘米

# 黄墌湖山书院图轴

清（1616～1911）

纵172厘米，横66厘米

## 姚燮花卉图轴

清（1616～1911）

纵129厘米，横29厘米

## 姚燮墨梅图轴

清（1616～1911）

纵175厘米，横43厘米

**任頤米芾拜石圖軸**

清（1616～1911）

縱145厘米，橫77厘米

## 高廉富贵玉堂图轴

清（1616～1911）

纵170厘米，横94厘米

## 苗实花鸟图轴

清（1616～1911）

纵128厘米，横53厘米

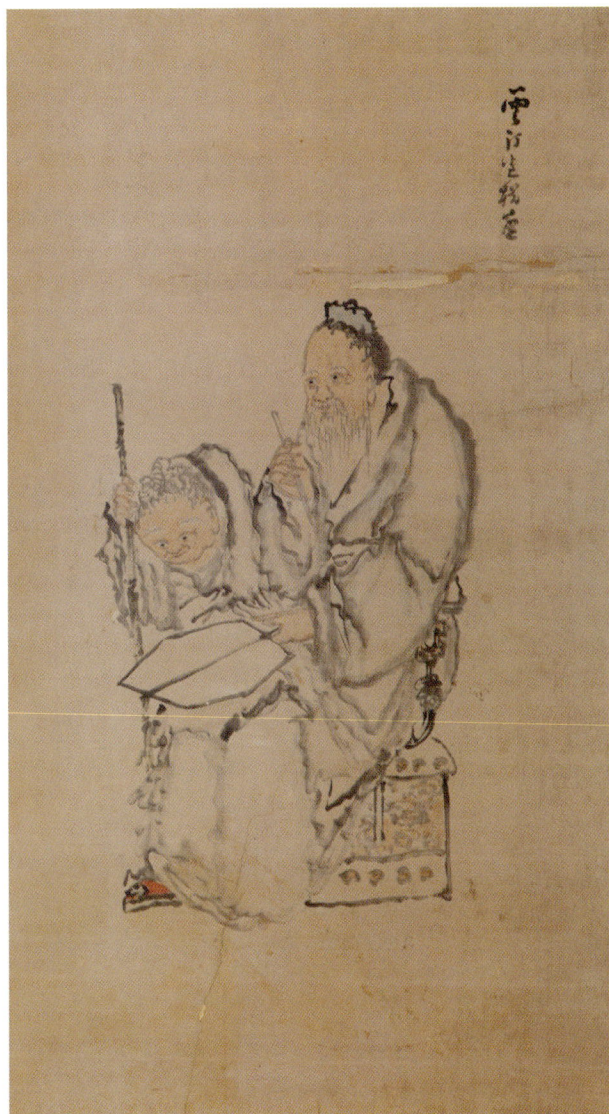

# 包楷人物图屏

清（1616～1911）

纵104厘米，横58厘米

## 李錦鴻、王禮合作鐘鼎花卉圖屏

清（1616～1911）

縱134厘米，橫30厘米

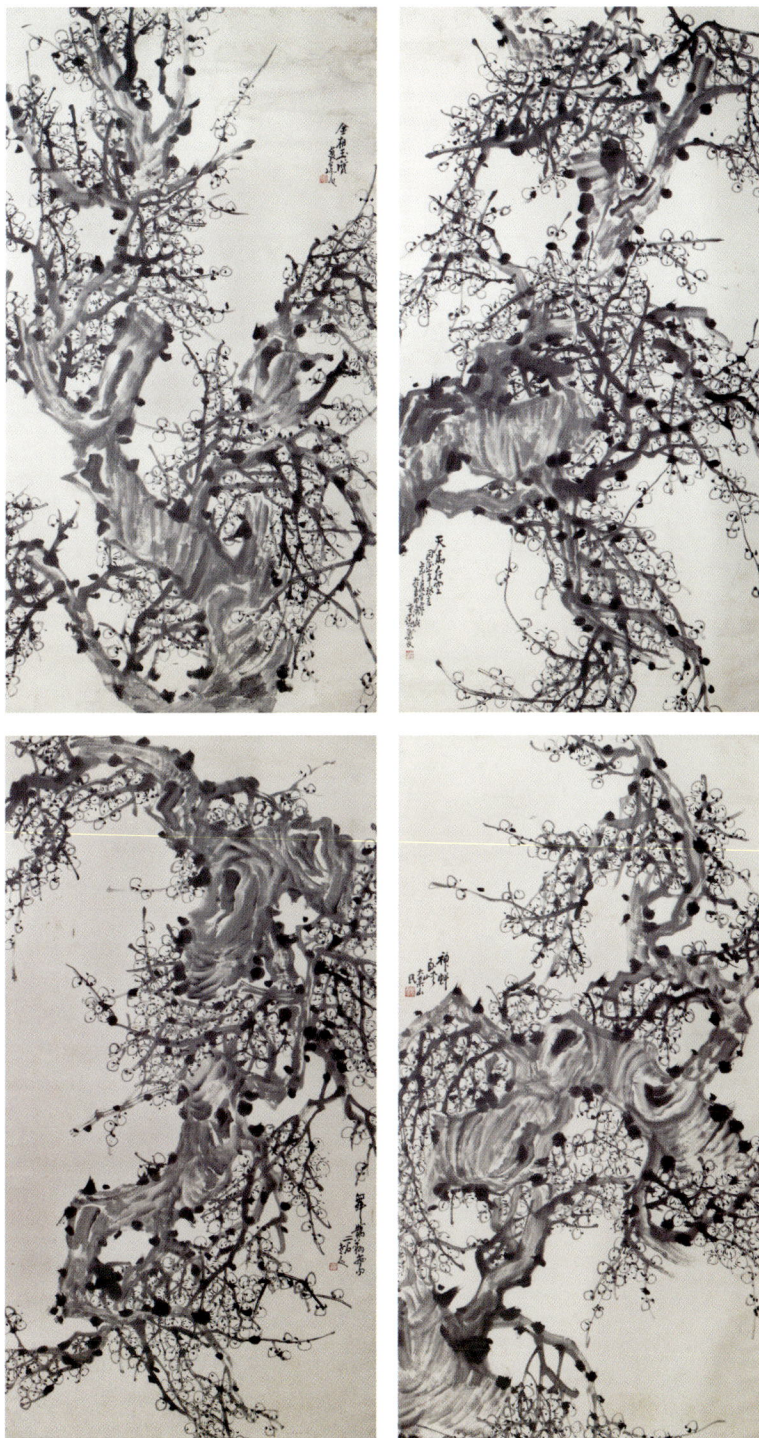

# 姚梅伯墨梅图屏

清（1616～1911）
纵170厘米，横94厘米

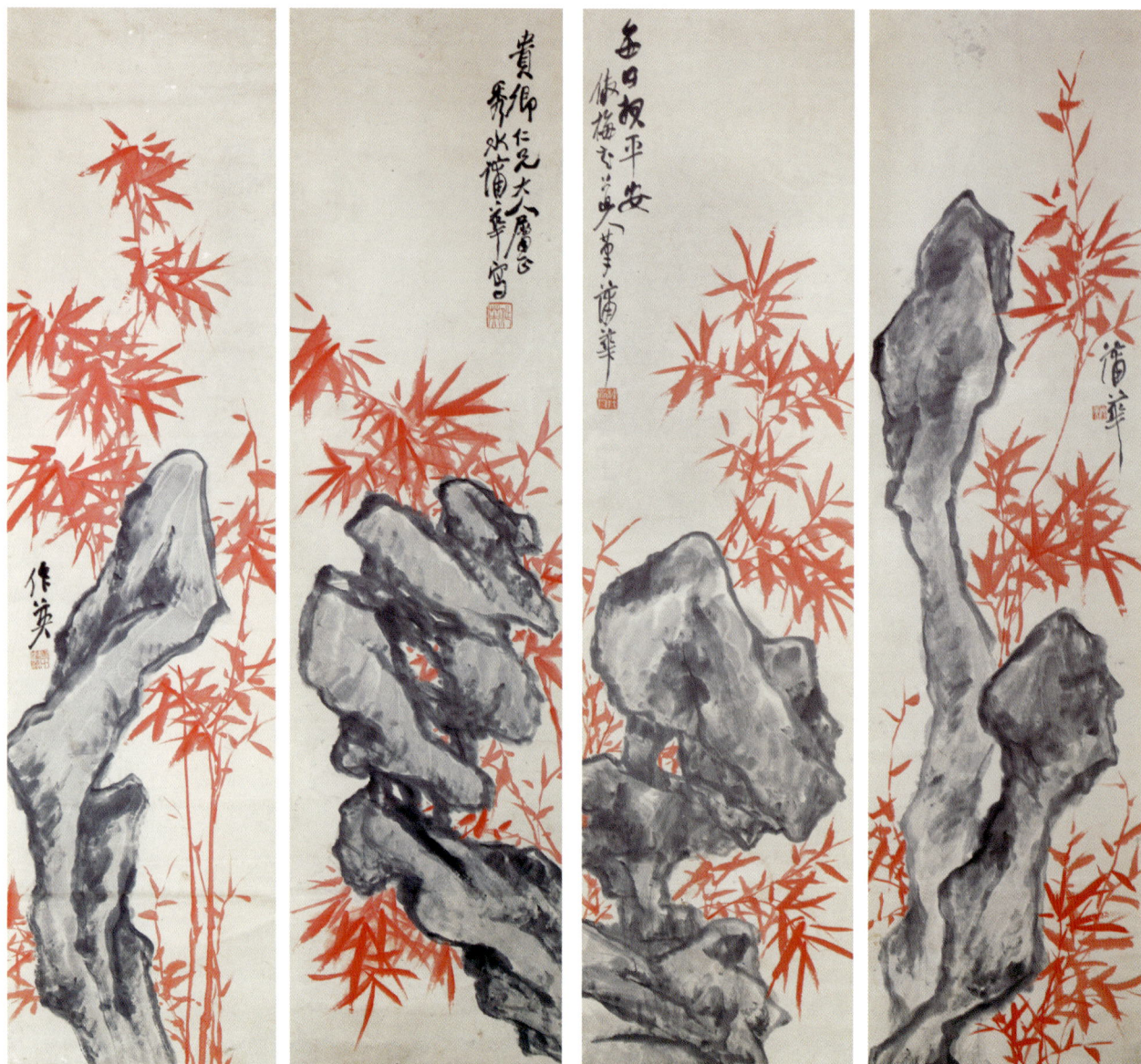

## 蒲华竹石图屏

清（1616～1911）

纵149厘米，横35厘米

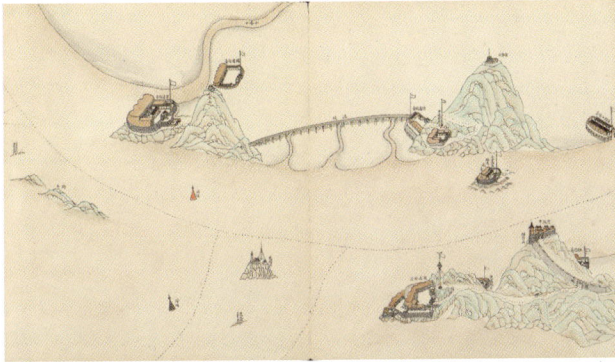

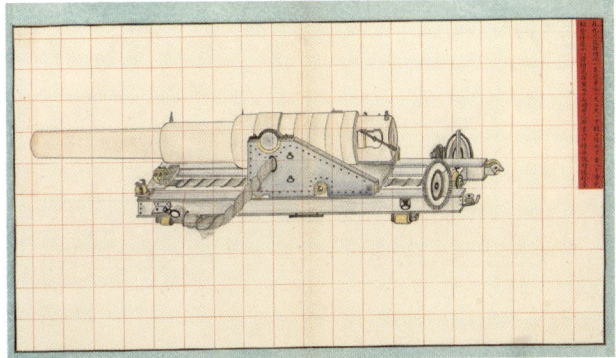

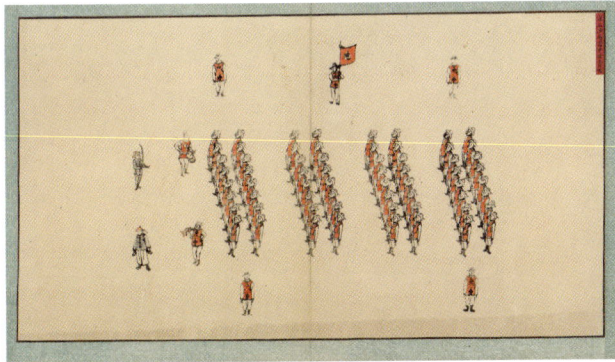

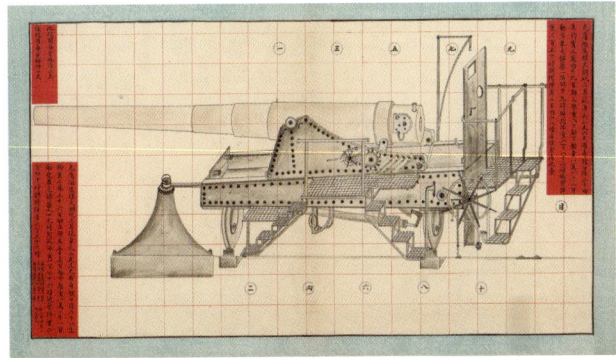

# 佚名招宝山炮台图册（其中四页）

清（1616～1911）

纵33.3厘米，横62.5厘米

百粇界當戶牖

三時季雨人簾番

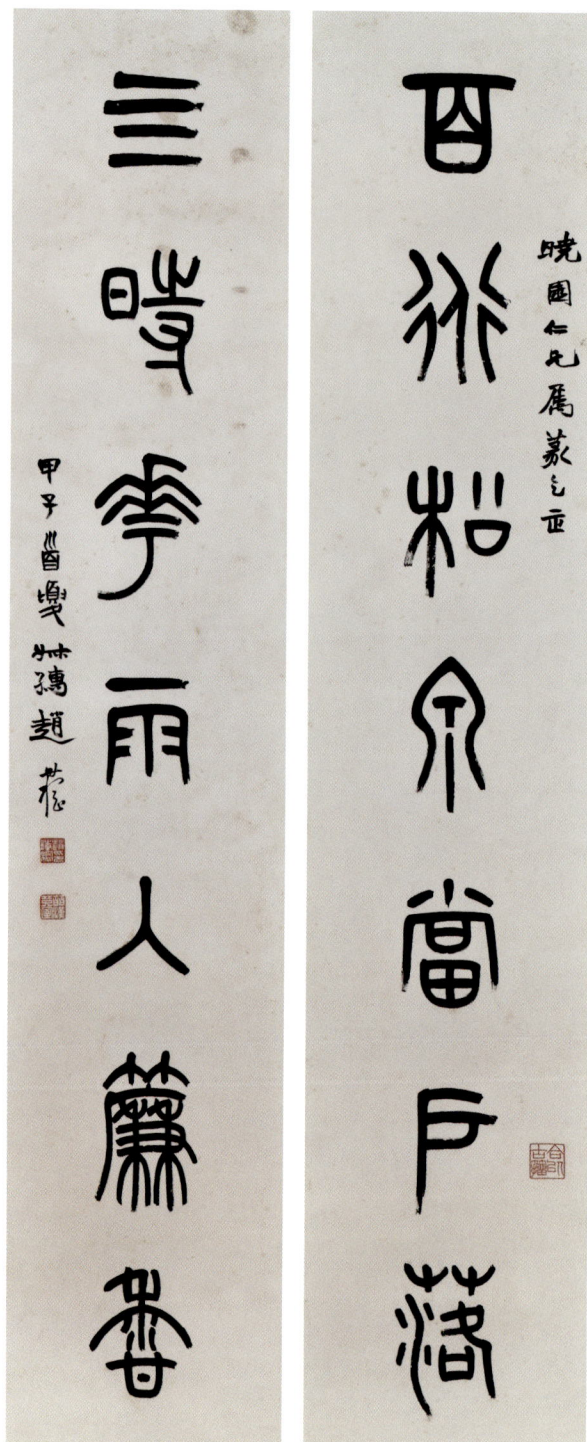

赵叔儒篆书七言对联

中华民国（1912~1949）

纵132厘米，横27厘米

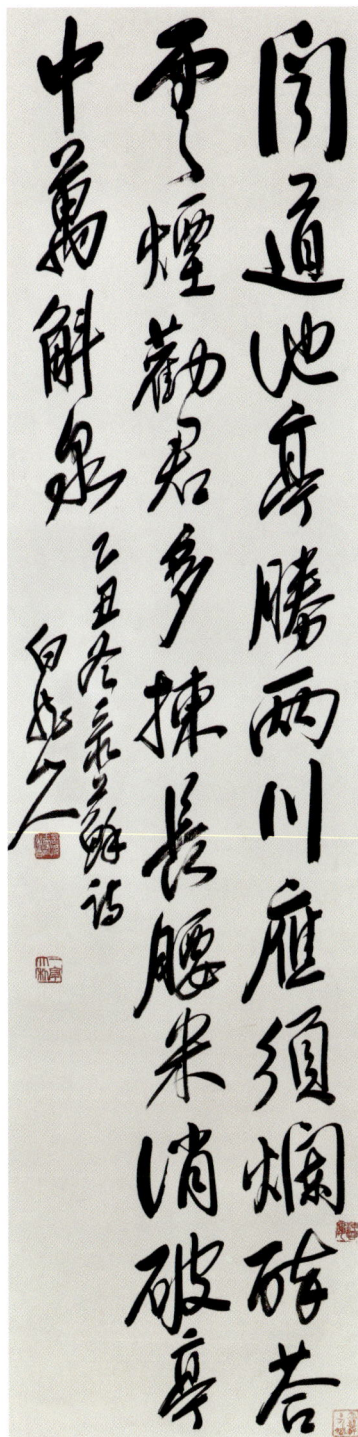

**王震行书苏轼诗轴**

中华民国（1912～1949）

纵127厘米，横31厘米

大富貴亦壽考

畜道德能文章

華仁兄大人正

王震

王震行书六言对联

中华民国（1912~1949）

纵165厘米，横34厘米

钓水復樵山逃名宇宙間一篙
春水盡半畝落花閑鷗鳥時
親狎松雲共往還厭聞塵世事
緬邈不相關

俊暉仁棣
十七年

頤淵

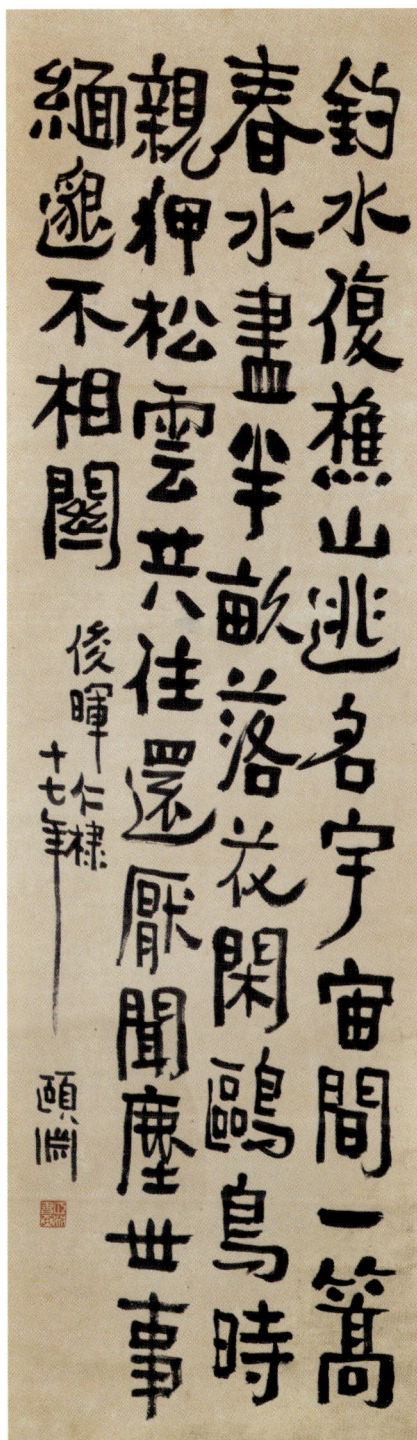

**经亨颐隶书轴**

中华民国（1912～1949）

纵130厘米，横38厘米

重雲必壓太行隨之江潮捲

山雀巍風雨連朔何日醒默

兀大笠上斯旦堂 而中晚萬嶺後陽埊

俊暉學良兄正 十六年夏仲 阿壽

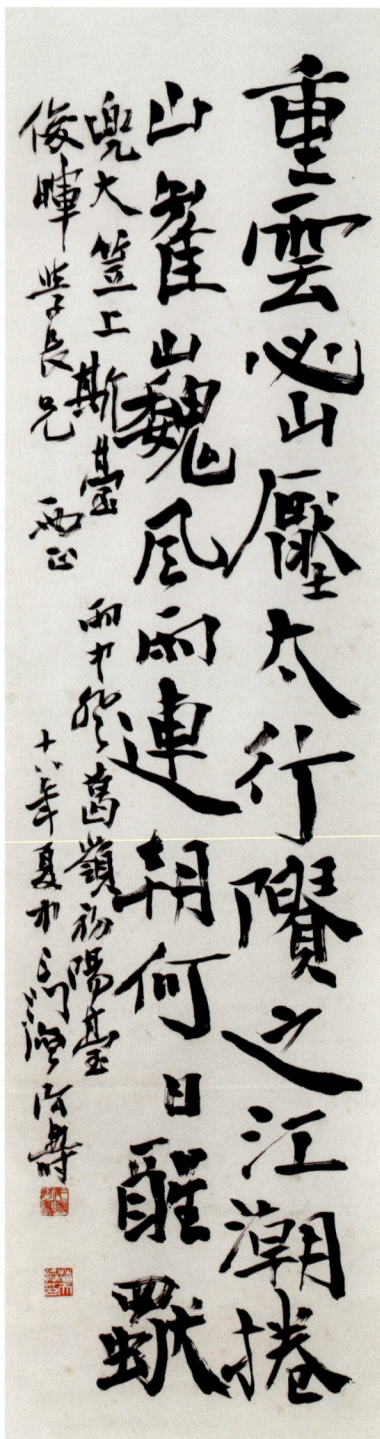

潘天寿行书登葛岭词句轴

中华民国（1912~1949）

纵140厘米，横40厘米

四时花雨入帘香

美顷水田连郭秀

松年仁兄先生属

钱罕

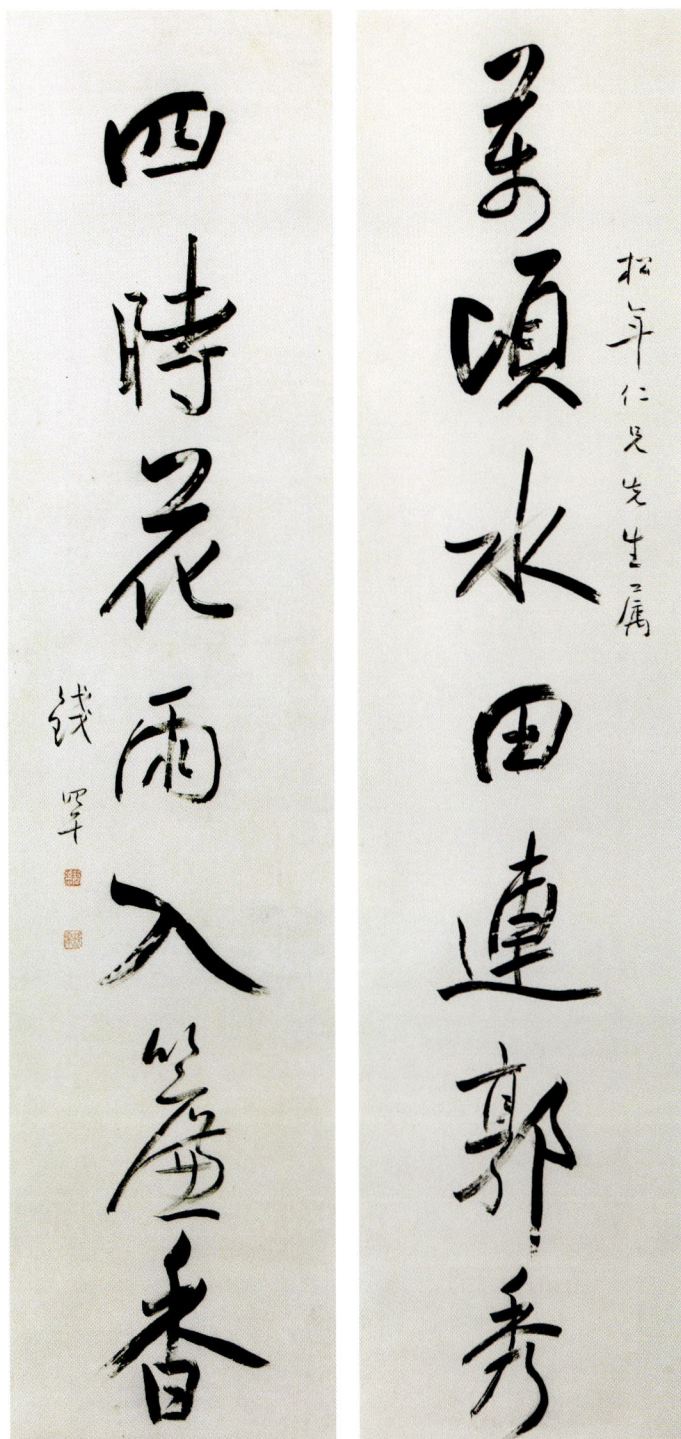

## 钱罕行书七言对联

中华民国（1912～1949）

纵130厘米，横30厘米

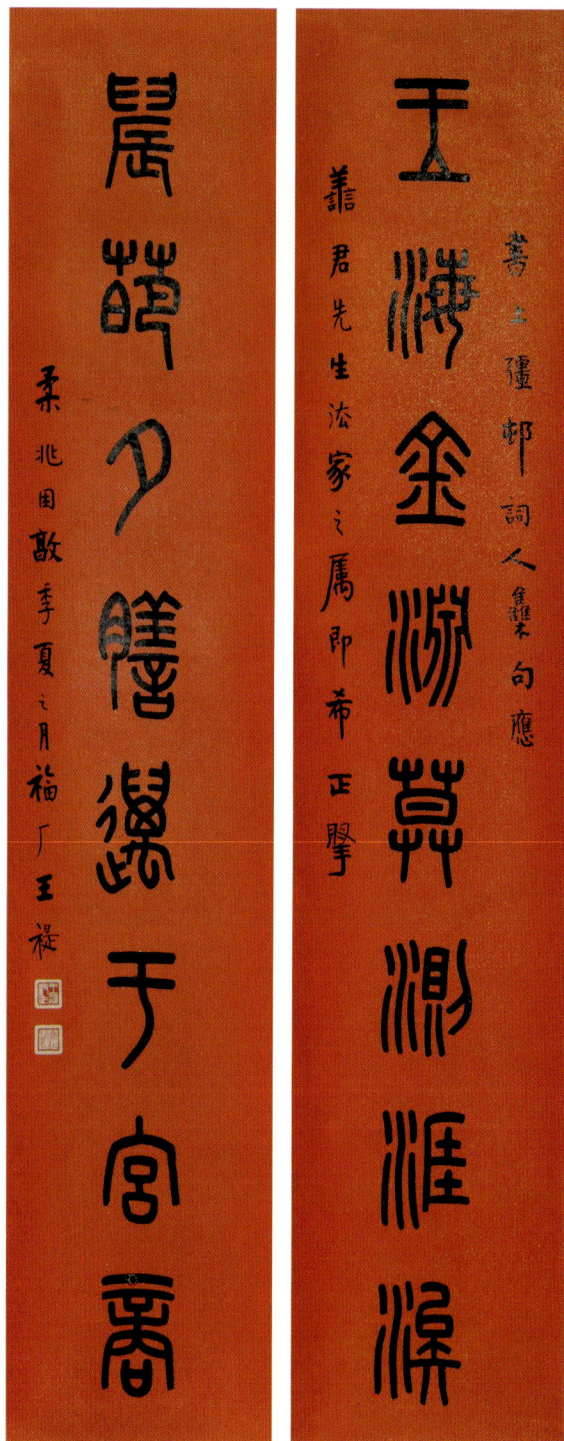

**王禔篆書八言對聯**

中華民國（1912～1949）

縱168厘米，橫34厘米

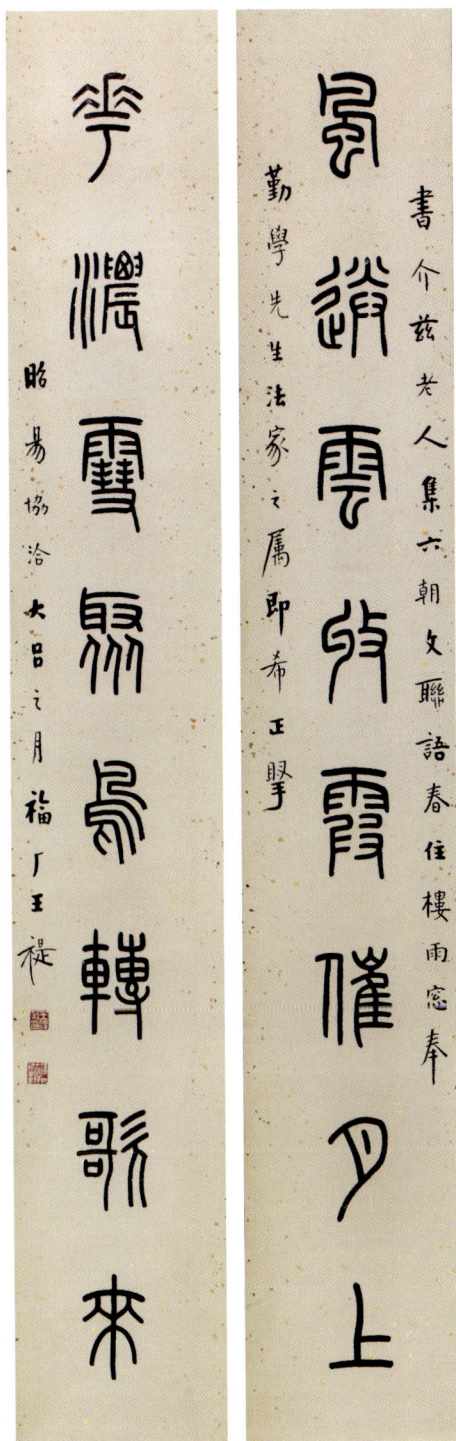

書介茲老人集六朝文聯語春住樓雨窗奉

勤學先生法家之屬即希正擊

昭易協洽大昌元月福厂王禔

**王禔篆书八言对联**

中华民国（1912～1949）

纵133厘米，横19厘米

**王禔节临守敦铭轴**

中华民国（1912～1949）

纵78厘米，横34厘米

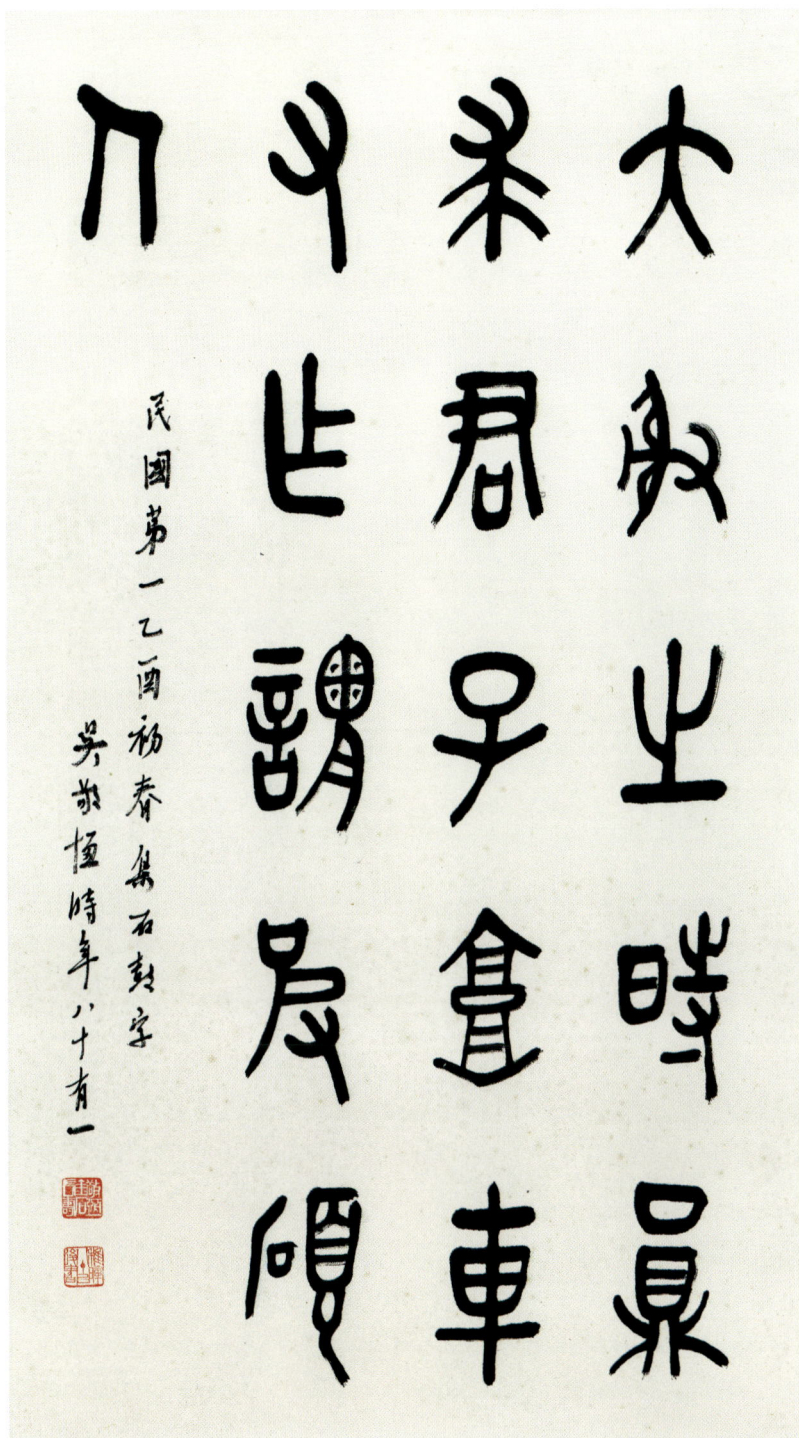

## 吴敬恒篆书轴

中华民国三十四年（1945）

纵150厘米，横70厘米

## 沈心海富贵寿考图轴

中华民国（1912~1949）

纵125厘米，横73厘米

# 陈摩重岩空翠图轴

中华民国（1912～1949）

纵138厘米，横76厘米

## 鲁松荷花鸳鸯图轴

中华民国（1912～1949）

纵89厘米，横45厘米

## 吴徵山水图镜片

中华民国三十三年（1944）

纵48厘米，横75厘米

## 钱化佛罗汉图轴

中华民国三十七年（1948）

纵162厘米，横50厘米

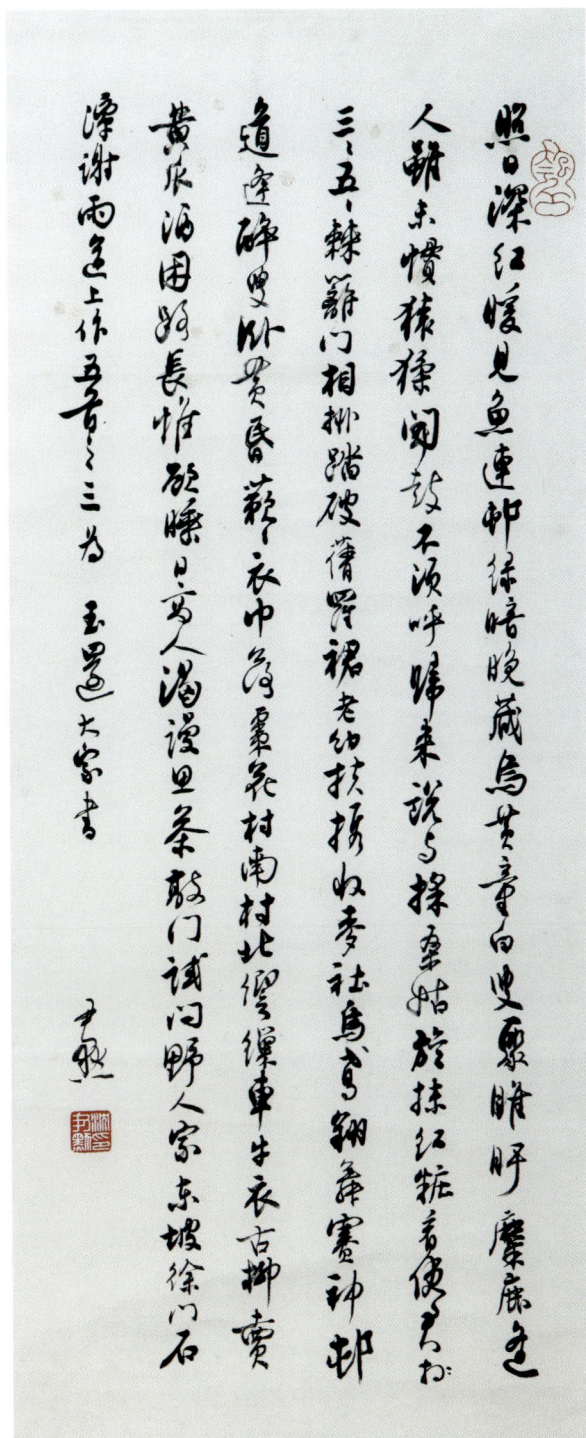

**沈尹默行书诗句轴**

中华人民共和国

纵80厘米，横34厘米

## 汪亚尘金鱼图轴

中华人民共和国

纵115厘米，横32厘米

City of Ning-po, from the river

# 英国《甬江入海口》铜版画

公元19世纪
长20厘米，宽27厘米

## ■文 具

越窑青釉瓷洗

西周（前1406～前771）

口径18厘米，底径9厘米，高7厘米

**越窑青釉瓷水盂**

三国时代（220～280）
口径4厘米，腹径7.4厘米，底径4.8厘米，高3.5厘米

越窑青釉弦纹瓷水盂

西晋（265～317）
口径4.8厘米，腹径7.4厘米，底径4.2厘米，高3.6厘米

**越窑青釉瓷水盂**

唐（618～907）

口径7.2厘米，腹径11厘米，底径5.2厘米，高6.5厘米

### 越窑青釉四足瓷水盂

唐（618～907）

口径3.6厘米，腹径8.6厘米，底径6厘米，高5.5厘米

**越窑青釉瓷水盂**

五代十国（907～979）
口径5.7厘米，腹径10.5厘米，足径6.5厘米，高7.2厘米

"希和銘"款蟬形帶蓋歙硯

宋（960～1279）

通長20厘米，通寬12厘米，通高4厘米

### 桃池椭圆形三足歙砚

宋（960～1279）

通长23.8厘米，通宽15.4厘米，高4.7厘米

**雕牛紋抄手端硯**

宋（960~1279）

長22厘米，寬13.5厘米，高8厘米

# 三足石砚

宋（960～1279）

通长14.5厘米，通宽8.5厘米，高3.2厘米

**箕形双联石砚**

宋（960～1279）

长16厘米，宽14.5厘米，高2.8厘米

**海马纹端砚**

明（1368～1644）
长22.5厘米，宽13.2厘米，高7.6厘米

## 龙马纹长方形歙砚

明（1368~1644）

长17厘米，宽9.8厘米，高5.8厘米

## 铭文砖砚

明（1368～1644）

长14.6厘米，宽9厘米，高4厘米

**铭文瓦形歙砚**

清（1616~1911）

长23厘米，宽14厘米，高5厘米

## 云龙纹端砚（附嵌透雕松鹿玉片红木盒）

清（1616～1911）

通长16.5厘米，通宽15.5厘米，高4.5厘米

"徽歙曹素功堯千氏監制" 漆金寿星像墨（残）

清（1616～1911）

通长19厘米，通宽6.8厘米，厚4厘米

## "徽州曹素功制" 漆金王母像墨

清（1616～1911）
通长16.5厘米，通宽7厘米，厚3.5厘米

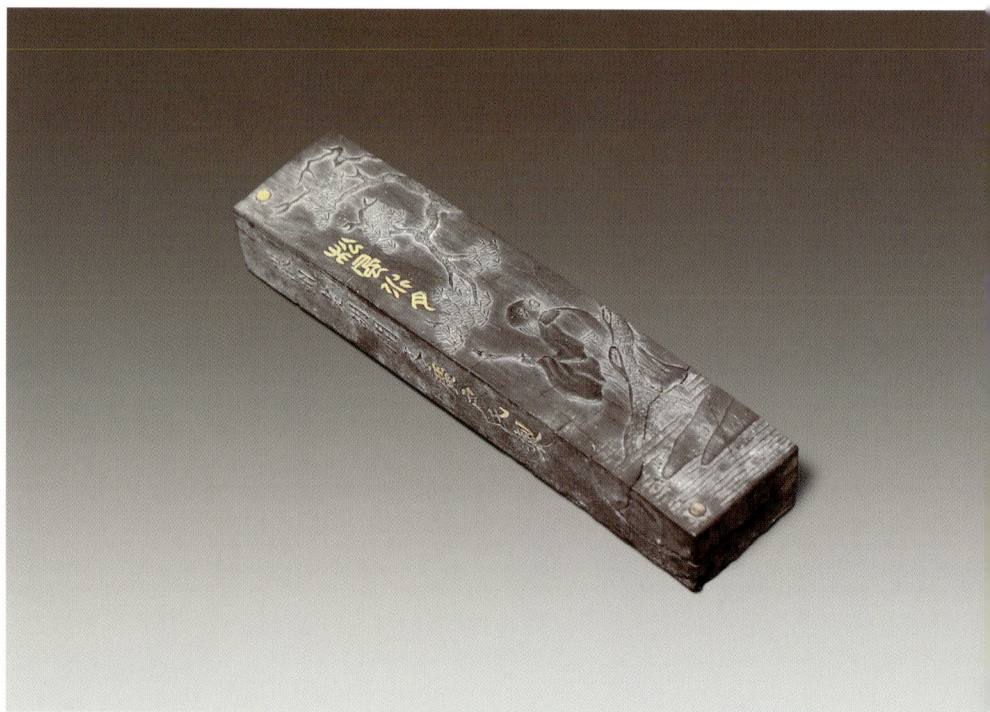

## "徽州老胡开文广户氏制" 条墨

清末民国
长2厘米，宽1.2厘米，高8.5厘米

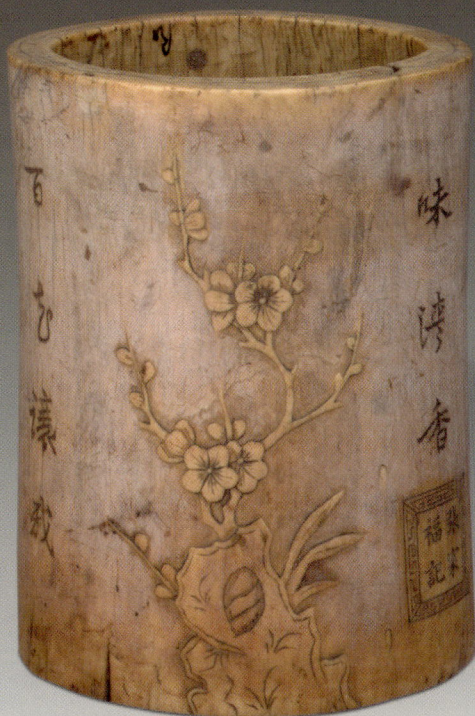

## 雕花卉纹象牙笔筒

清 乾隆（1736～1796）

直径9.3厘米，高12.3厘米

## 祭蓝釉瓷水盂

清 光绪（1875～1909）

口径3.9厘米，腹径11厘米，底径4.5厘米，高7厘米

# 郎窑红高足瓷水盂

清 光绪（1875～1909）
口径5.4厘米，腹径12.5厘米，底径7厘米，高8厘米

**汪大沧款浅绛彩山水纹瓷笔筒**

中华民国（1912~1949）

口径7厘米，高8.5厘米

## 玺 印

**雕螭龙钮百砚楼藏书石印**

明（1368～1644）

长5.1厘米，宽5.1厘米，高8.5厘米

## 雕流云纹 "砥厉廉隅" 寿山石印

清（1616～1911）

长2.3厘米，宽2厘米，高4.6厘米

### 雕夔龙卷云纹覆斗钮 "安乐万年" 玉印

清（1616～1911）
印面6.7×6.7厘米，钮面4.2×4.2厘米，高5.2厘米

张鲁厂 "汉董君异之裔" 青田石印

中华民国（1912～1949）

长2厘米，宽2厘米，高4.6厘米

**"恒裕图书"兽形钮石印**

中华民国（1912～1949）

长2.6厘米，宽2.6厘米，高5厘米

## 镇宁商轮公司"统舱"牛角图章

中华民国（1912~1949）

长3.1厘米，宽1.8厘米，高2厘米

**镇宁商轮公司"镇宁商轮信缄"木印章**

中华民国（1912～1949）
长6.3厘米，宽1.4厘米，高3.6厘米

## 玉石器

### 玉 璜

商（前1600～前1046）

直径10厘米，弧长16.5厘米，宽1厘米，厚0.6厘米

# 玉 玦

春秋时代（前770～前476）

外径3.4厘米，内径1.1厘米，宽1.15厘米，厚0.9厘米

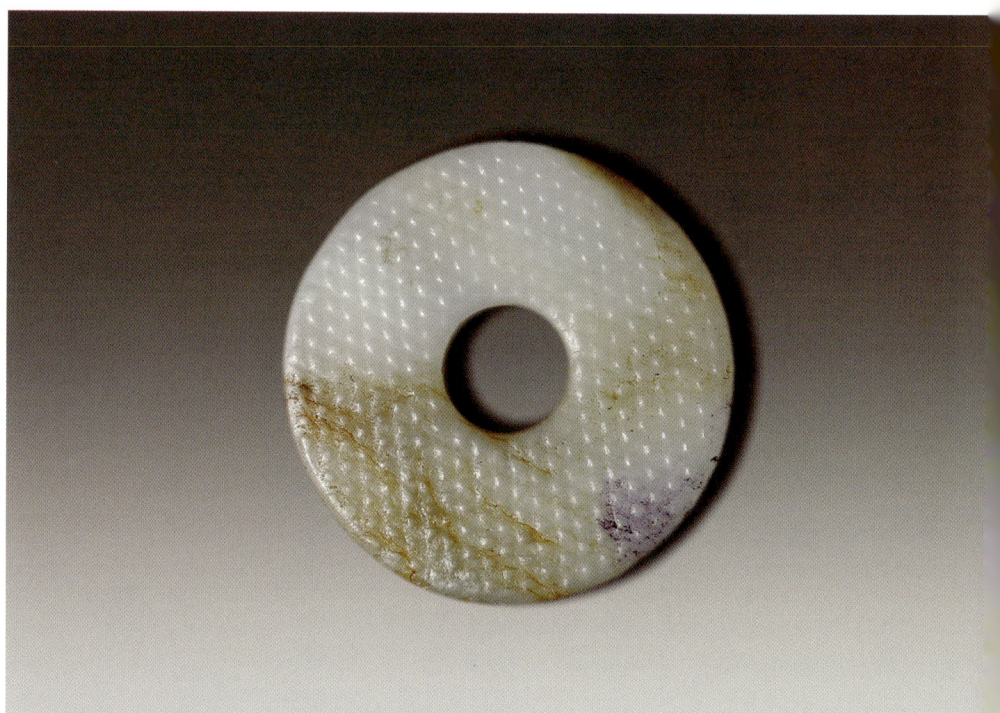

浮雕双螭蒲纹玉璧

宋（960~1279）
外径6.2厘米，内径1.6厘米，厚0.9厘米

**雕卷云纹玉璧**

宋（960～1279）

外径5.8厘米，内径2.1厘米，厚0.6厘米

**雕乳钉纹玉璧**

宋（960～1279）

外径3.1厘米，内径0.8厘米，厚0.5厘米

**雕蒲纹玉璧**

宋（960～1279）

外径3.8厘米，内径0.8厘米，厚0.6厘米

### 雕卷云纹三羊出廓玉璧

宋（960～1279）

通长6厘米，外径4.5厘米，内径1.2厘米，厚1.2厘米

## 雕兽面螭纹玉剑格

宋（960～1279）

通长5.5厘米，通宽2.1厘米，厚2.4厘米

**雕菊花形玉饰件**

明（1368～1644）

直径6.3厘米，厚0.6厘米

**雕如意纹花瓣形玉饰件**

明（1368～1644）

直径7.7厘米，厚0.7厘米

## 透雕龙纹玉带板

明（1368～1644）
长4.6厘米，宽4.6厘米，厚0.6厘米

## 心形玉带板

明（1368～1644）

通长4.2厘米，通宽4厘米，厚0.6厘米

玉铊尾

明（1368~1644）

通长9.6厘米，宽4.3厘米，厚0.7厘米

## 浮雕瓜果纹玉提携

明（1368～1644）

通长4.6厘米，宽2.6厘米，厚1.2厘米

雕牡丹如意纹菱花形玉片

明（1368～1644）

直径7.7厘米，厚0.5厘米

## 雕人物纹玉饰件

明（1368～1644）

通长3.4厘米，通宽1.3厘米，厚0.5厘米

**雕人物纹玉饰件**

明（1368～1644）

通长3.4厘米，通宽1.5厘米，厚0.5厘米

**雕螭纹龙首玉带钩**

清（1616～1911）

通长9.7厘米，通宽2.4厘米，通高2.1厘米

### 雕螭纹龙首玉带钩

清（1616～1911）

通长14厘米，通宽2.5厘米，通高2.2厘米

**雕石榴纹龙首玉带钩**

清（1616～1911）

通长9.3厘米，通宽1.7厘米，通高1.6厘米

## 雕龙首玉带钩

清（1616～1911）

通长9.7厘米，通宽1.7厘米，通高2.2厘米

## 雕龙首玉带钩

清（1616～1911）
通长9.9厘米，通宽1.9厘米，通高1.6厘米

## 雕龙首玉带钩

清（1616～1911）

通长8.4厘米，通宽1.1厘米，通高1.7厘米

## 雕龙首玉带钩

清（1616～1911）

通长8.3厘米，通宽1.3厘米，通高2厘米

**雕龙首玉带钩**

清（1616～1911）

通长8.4厘米，通宽1.4厘米，通高2.2厘米

**雕凤首玉带钩**

清（1616～1911）

通长10厘米，通宽1.6厘米，通高1.6厘米

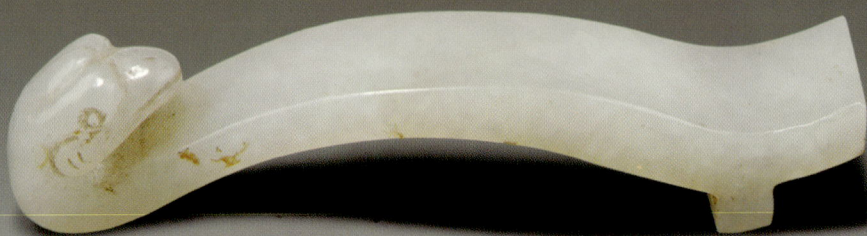

雕凤首玉带钩

清（1616～1911）

通长7.8厘米，通宽1.4厘米，通高1.7厘米

**雕梅花纹玉带扣**

清（1616～1911）
长7.3厘米，宽5.1厘米，厚1.4厘米

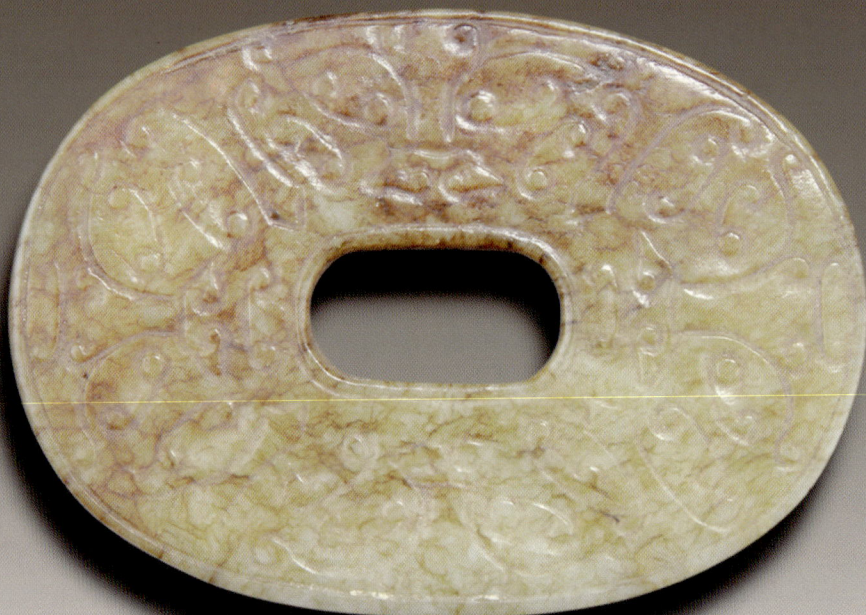

**雕卷云纹椭圆形玉璧**

清（1616～1911）

通长7.5厘米，通宽5.2厘米，厚0.7厘米

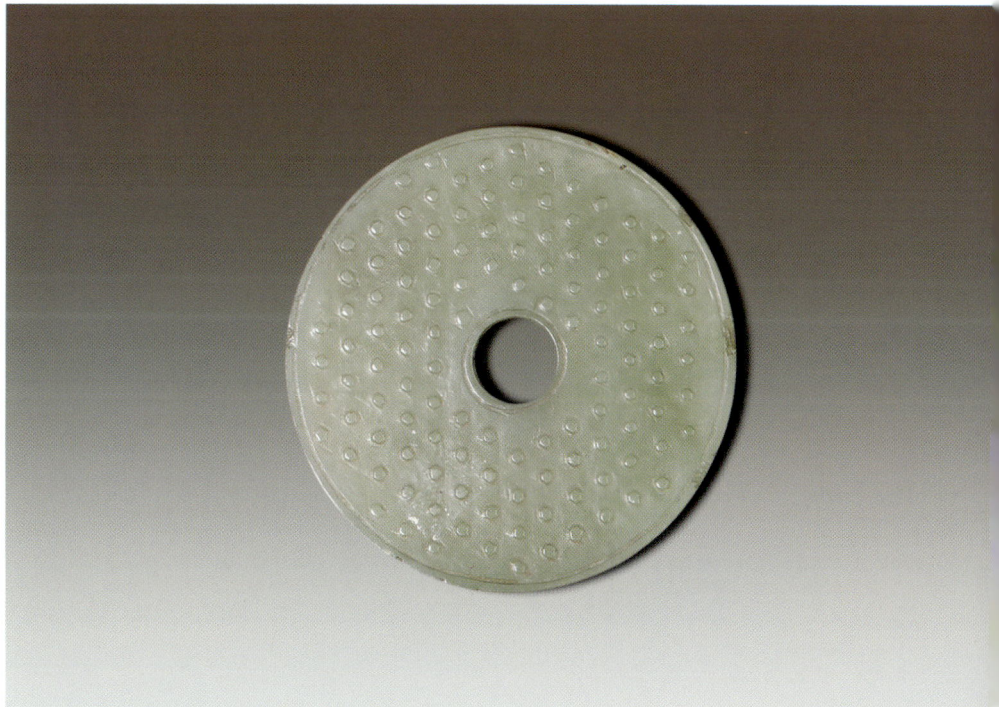

## 雕卷云乳钉纹玉璧

清（1616～1911）

外径5.7厘米，内径1厘米，厚0.5厘米

玉 璧

清（1616～1911）

外径6.6厘米，内径1.2厘米，厚0.9厘米

**雕兽钮兽面纹钺形玉佩**

清（1616～1911）

通长6.2厘米，通宽5.5厘米，厚0.8厘米

## 雕豌豆形玉佩

清（1616～1911）

通长5厘米，通宽1.4厘米，厚1.3厘米

# 透雕龙纹转心玉佩

清（1616～1911）

直径5.8厘米，厚0.6厘米

**透雕龙纹转心玉佩**

清（1616～1911）

直径5.8厘米，厚0.6厘米

### 圆雕寿星玉佩

清（1616～1911）
通长3.4厘米，通宽1.7厘米，厚5厘米

**雕螭龙纹玉镯**

清（1616～1911）

外径8.1厘米，内径6.1厘米，厚1.2厘米

**雕双龙戏珠纹玉镯**

清（1616～1911）

外径：长径7.8厘米，短径7.2厘米，内径：长径6厘米，短径5.4厘米，厚0.8厘米

## 雕双龙戏珠纹玉镯

清（1616～1911）

外径7.4厘米，内径5.5厘米，厚0.9厘米

### 透雕凤凰石榴花卉纹玉片

清（1616～1911）

通长8.5厘米，通宽4.7厘米，厚0.4厘米

雕菊花纹玉饰件

清（1616～1911）

通长5.7厘米，通宽5厘米，厚0.7厘米

## 雕夔龙纹玉环

清（1616～1911）

外径8.7厘米，内径5.1厘米，厚0.5厘米

束腰形玉勒子

清（1616～1911）

大口径2.8厘米，小口径2.4厘米，腰径1.8厘米，高6.5厘米，孔径0.6厘米

**乳钉纹玉璲**

清（1616～1911）
长8.5厘米，宽2.1厘米，高1.2厘米

## 乳钉纹玉璏

清（1616~1911）

长9.5厘米，宽2.3厘米，高1厘米

**小玉琮**

清（1616～1911）

长1.4厘米，宽1.4厘米，高4.2厘米

**匜形环耳玉杯**

清（1616～1911）

通长10.3厘米，通宽4.9厘米，高3.1厘米

## 多棱玉戒指

清（1616～1911）

外径2.2厘米，内径1.6厘米，高1厘米

**翡翠马鞍戒**

清（1616～1911）

通长2.4厘米，通宽2.2厘米，内径1.7厘米，高0.8厘米

**刻花卉纹翡翠饰件**

清（1616～1911）
通长3.1厘米，通宽1.9厘米，厚0.15厘米

## 透雕俏色蜻蜓花卉纹玛瑙挂件

清（1616～1911）
通长4.8厘米，通宽2.4厘米，通高3.3厘米

# 竹木雕

朱金漆木雕人物故事纹木佛龛

清（1616～1911）

长49厘米，宽23厘米，高82厘米

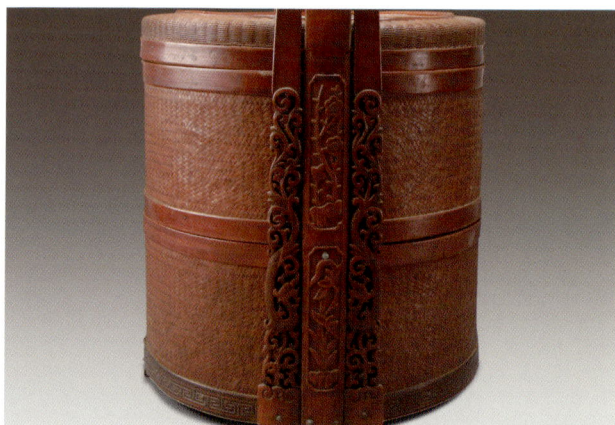

## "鹤范堂胡" 款竹编食篮

中华民国（1912~1949）

直径33厘米，高43厘米

# 家 具

**朱金漆雕人物故事纹束腰兽形三弯腿榆木供桌**

清（1616～1911）

长217.5厘米，宽47厘米，高136厘米

## 雕花束腰红木方茶几

清（1616~1911）

长44厘米，宽44厘米，高73厘米

## 嵌骨多屉木梳妆台

中华民国（1912～1949）
长101厘米，宽50厘米，高185厘米

## 嵌骨人物故事纹花梨木床

中华民国（1912~1949）

长212厘米，宽140厘米，高245厘米

**嵌黄杨木雕花鸟人物纹红木床**

中华民国（1912～1949）
长203厘米，宽148厘米，高252厘米

**透雕人物花草纹红木床**

中华民国（1912~1949）

长220厘米，宽167厘米，高226厘米

**雕灵芝纹嵌大理石面红木旋转圆桌**

中华民国（1912～1949）

桌面直径99厘米，桌脚直径68厘米，高82厘米

**浮雕双狮纹折叠式红木梳妆箱**

中华民国（1912~1949）

长32.5厘米，宽25厘米，高20厘米

**朱金漆雕佛手龙首纹木提桶**

中华民国（1912～1949）

长35.5厘米，宽22.3厘米，高33厘米

**朱金漆镂雕双龙戏珠纹木茶桶**

中华民国（1912～1949）

长48厘米，宽24.9厘米，高31.4厘米

**朱漆兽足木高脚盆**

中华民国（1912～1949）
口径50厘米，底径31.5厘米，高40.2厘米

朱漆木油灯架

中华民国（1912~1949）

长19.5厘米，宽19.5厘米，高33.5厘米

# 织 绣

**印花花卉纹棉包袱布**

清 同治（1862～1875）

长106厘米，宽106厘米

# 古 籍

**汉隶字源五卷碑目一卷附字一卷**

（宋）娄机辑　明末毛氏汲古阁刻本

长13.3厘米，宽19.9厘米

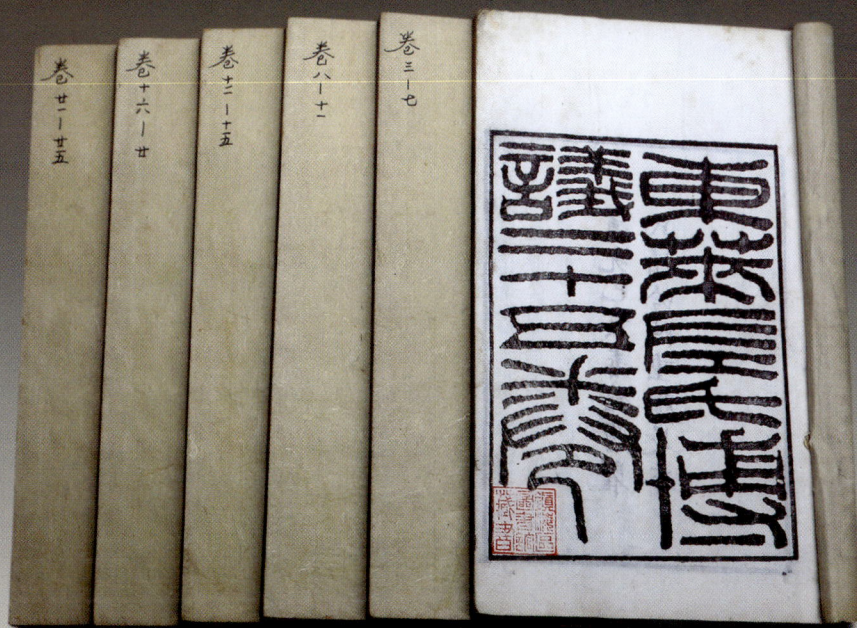

## 东莱先生左氏博议二十五卷首一卷

（宋）吕祖谦撰　清道光十九年（1839）钱唐瞿氏清吟阁刻本
长15.1厘米，宽23.7厘米

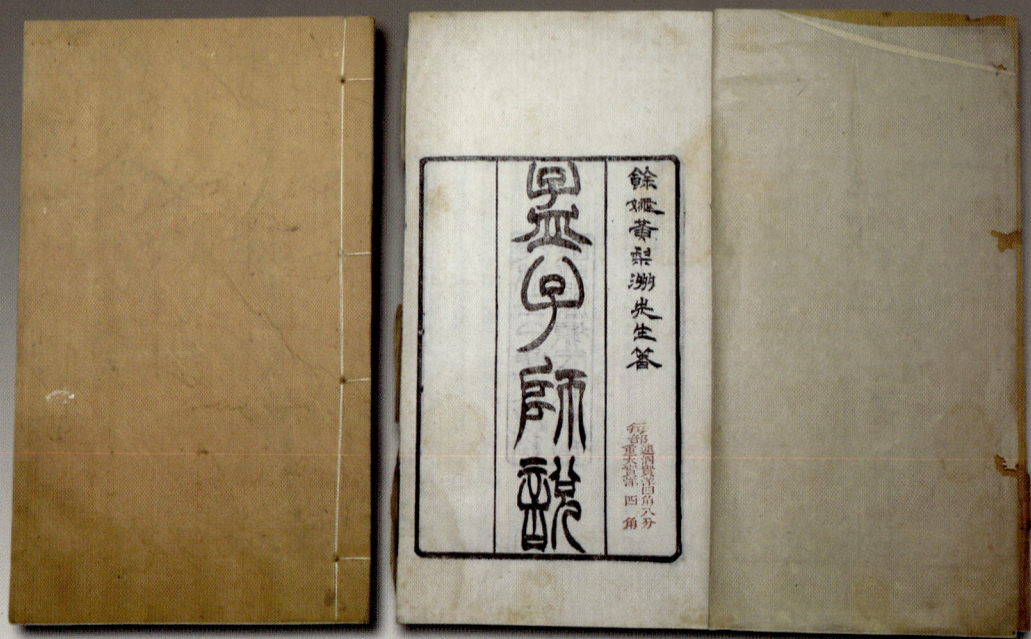

## 孟子师说七卷

（清）黄宗羲著　清光绪八年（1882）慈溪醉经阁冯氏重校刻本
长14.5厘米，宽23.8厘米

**澄衷蒙学堂字课图说四卷检字一卷类字一卷**

（清）刘树屏编　清光绪二十七年（1901）澄衷蒙学堂石印本

长19.2厘米，宽29.2厘米

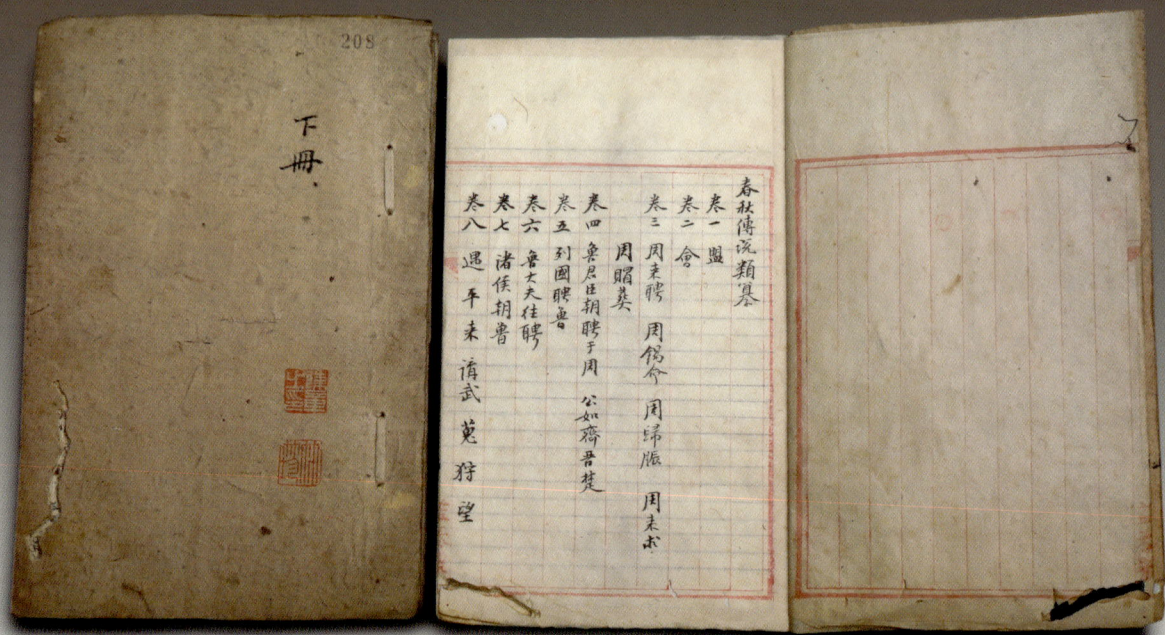

**春秋传说类纂十二卷春秋十二公及二十国易世嗣位一卷**

（清）佚名纂　清（1616～1911）手抄本

长11.6厘米，宽16.9厘米

## 唐书二百二十五卷

（宋）欧阳修、宋祁等撰　明崇祯二年（1629）毛氏汲古阁刻本
长16.5厘米，宽25.4厘米

**鹿门先生批点汉书钞九十三卷**

（明）茅坤辑　明崇祯八年（1635）茅珵徵刻本

长16.1厘米，宽26厘米

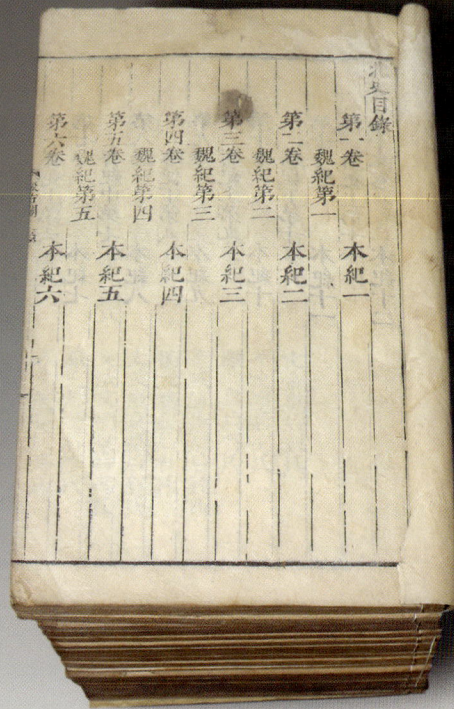

## 北史一百卷

（唐）李延寿撰　明崇祯十三年（1640）毛氏汲古阁刻十七史本

长16.5厘米，宽25.3厘米

## 明州阿育王山志十卷

（明）郭子章編　明萬曆（1573~1620）刻清乾隆（1736~1796）續刻本

長17.1厘米，寬26.8厘米

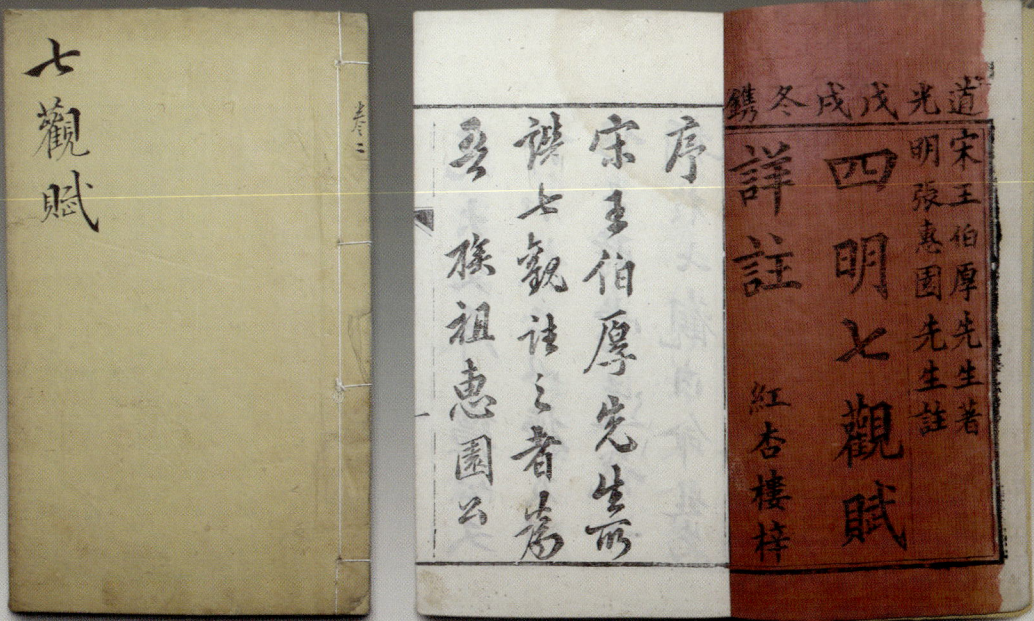

四明七觀賦詳註一卷

（宋）王应麟撰　（明）张迪注　清道光十八年（1838）红杏楼刻本

长11.1厘米，宽18厘米

## 镇海县志四十卷

（清）俞樾总纂　清光绪五年（1879）鲲池书院刻本

长16.9厘米，宽26.1厘米

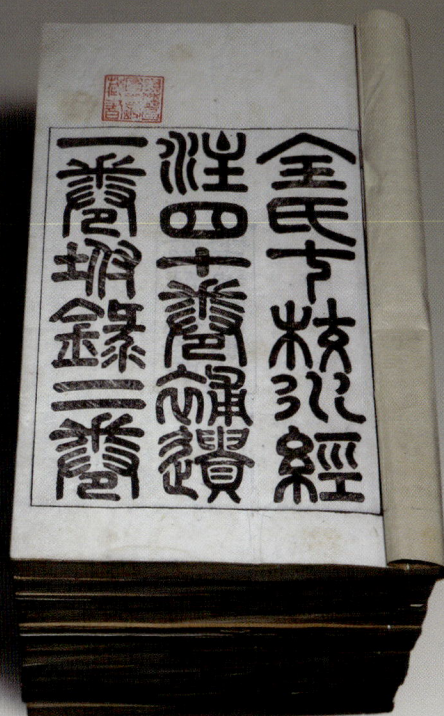

## 水经注四十卷补遗一卷附录二卷

（北魏）郦道元注　清光绪十四年（1888）薛福成宁波崇实书院刻本

长15.3厘米，宽24.9厘米

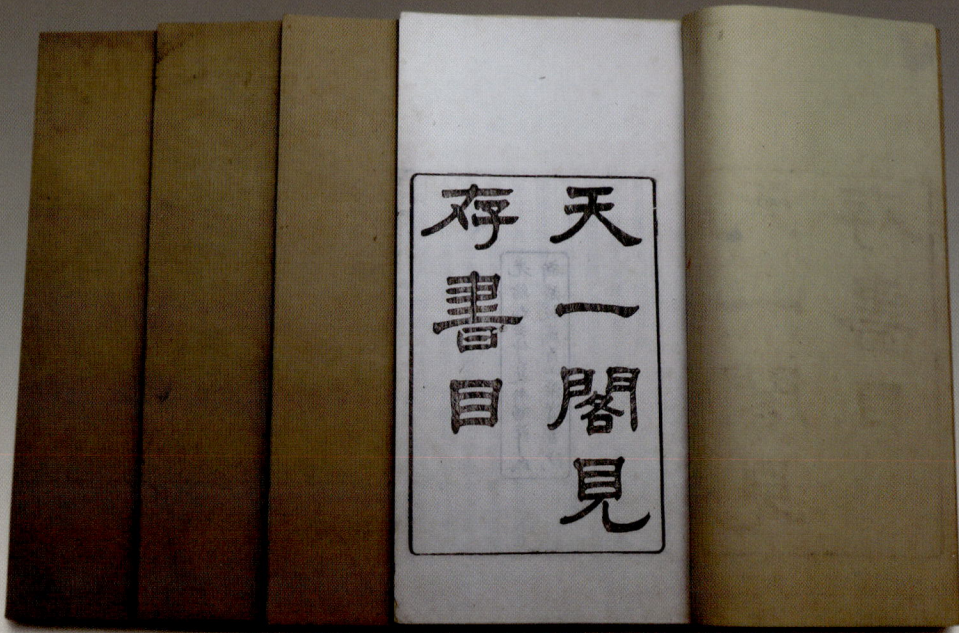

**天一閣見存書目四卷首一卷末一卷**

（清）薛福成辑　清光緒十五年（1889）薛福成宁波崇实书院刻本

长15.6厘米，宽27厘米

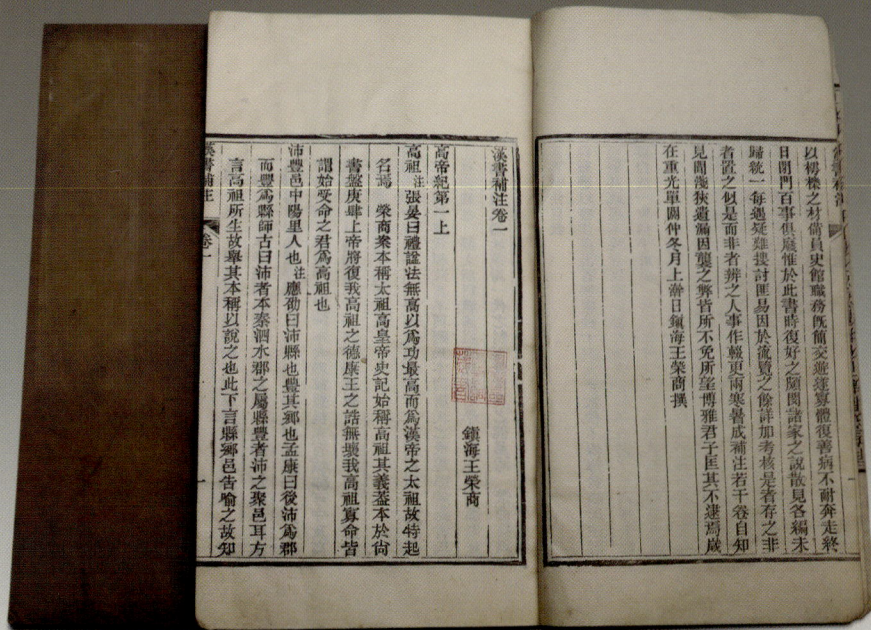

## 汉书补注七卷

（清）王荣商撰　清光绪十七年（1891）刻本

长17.1厘米，宽27.9厘米

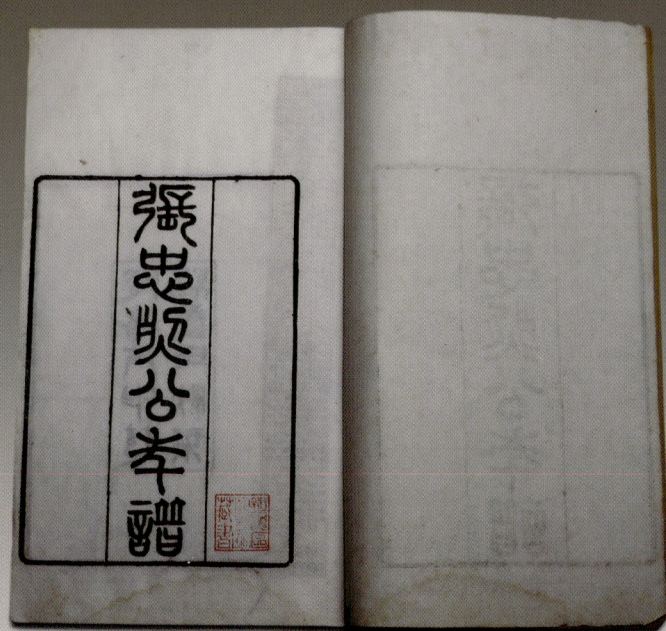

## 张忠烈公年谱一卷

（清）赵之谦编　清光绪二十二年（1896）慈溪童赓年刻本

长16.7厘米，宽26.7厘米

## 支那通史七卷

（日本）那珂通世编　清光绪二十五年（1899）上海东文学社石印本

长13.2厘米，宽20厘米

镇海樊氏勤稼别墅记

镇海樊氏便蒙兩等小學記

會稽馬浮撰

陽湖呂景端書

於古教莫先於州黨故大夫

堅於左閭士堅於右閭鄉遂

之子以時入學習六甲五方

書計之事知長幼之節然後

漸於禮樂以屬其行能教化

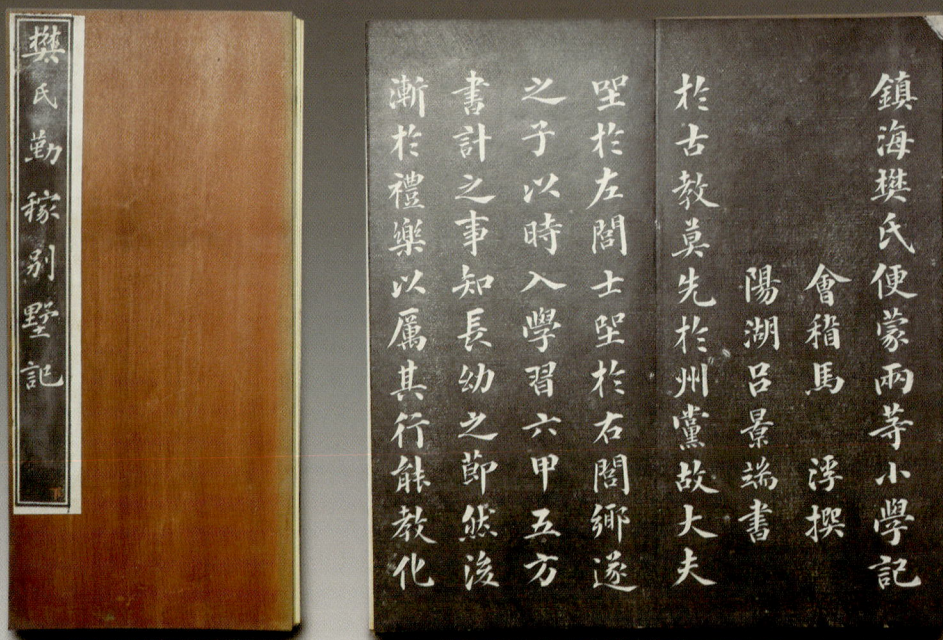

## 镇海樊氏便蒙两等小学记不分卷

（清）马浮撰　清宣统三年（1911）影印本

长14厘米，宽29.5厘米

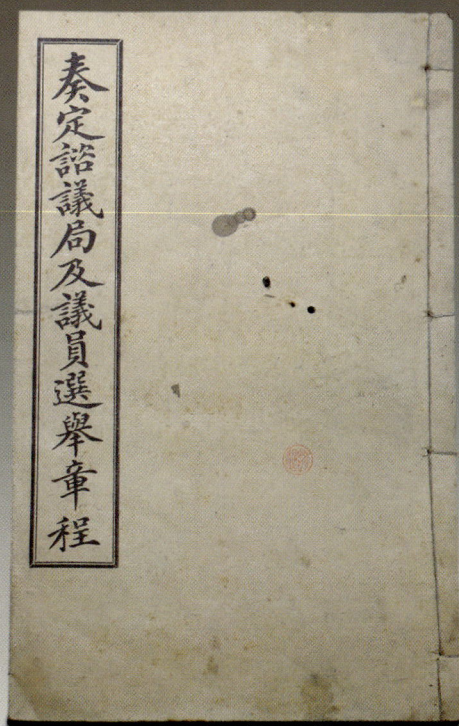

## 奏定谘议局及议员选举章程不分卷

（清）宪政编查馆、资政院编　清（1616～1911）铅印本

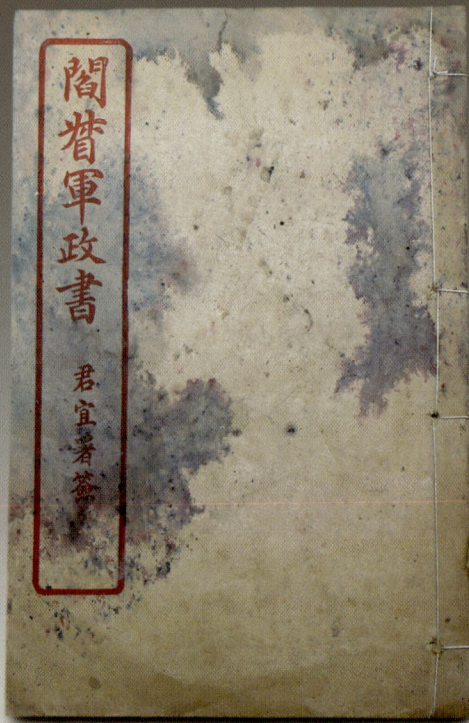

閻督軍政書

君宜署簽

## 阎督军政书四卷首一卷

（中华民国）阎锡山撰　中华民国九年（1920）上海尚友社石印本

长13.2厘米，宽20厘米

招寶山志卷下

蛟川陳景沛原稿
甬上周道遵修校

祠宇

寶陀禪寺　本在縣東大海中梅岑山唐大中間建宋元
豐三年賜額寶陀明洪武二十年因懸海徙郡東之
棲心寺改名補陀嘉靖三十六年總制胡宗憲又徙
於招寶山威遠城四十年總鎮盧鏜又撤其故圓通
寶殿搆於山麓分爲兩寺慈人張謙爲之記

招寶山志卷上

蛟川陳景沛原稿
甬上周道遵修校

形勝

四明脉至浹口之南分太白迤條東北走爲竹嶼青
峙樂家嶺入海滿蛟門宪蹲雄擁上流足稱天險其
北本四明西北之支度郭而慈入鎮海縣界爲遶遷
伏龍由是縮沙而行冀位浹口之北爲招寶此山形
之鞏也

金石
雜澱

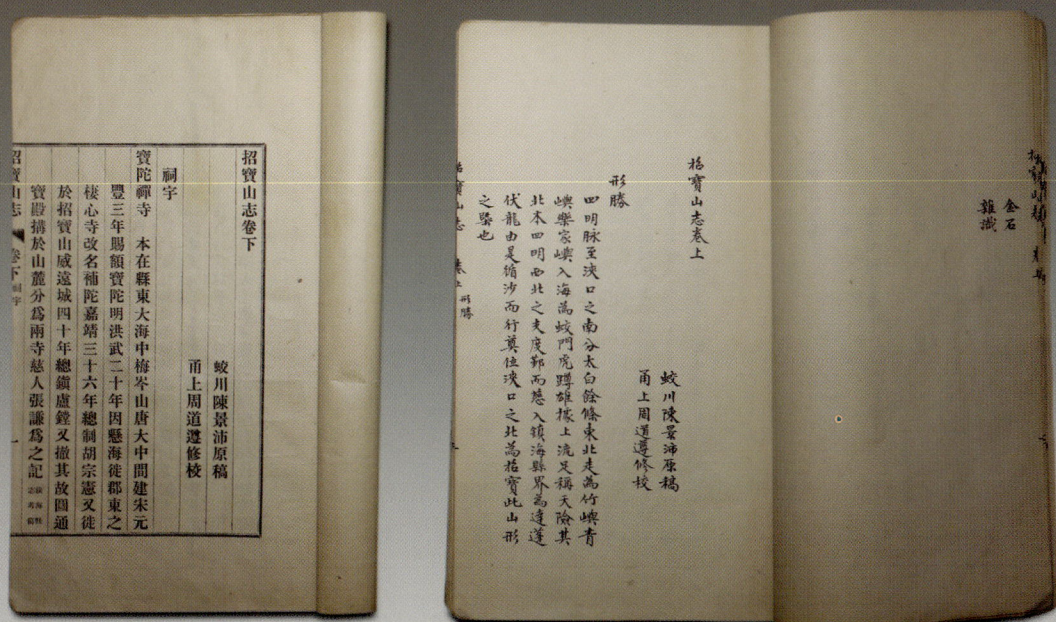

## 招宝山志二卷

（清）陈景沛原稿　中华民国二十六年（1937）铅印本

长17.3厘米，宽28.5厘米

建修万季野先生祠墓纪念刊

三十八年夏

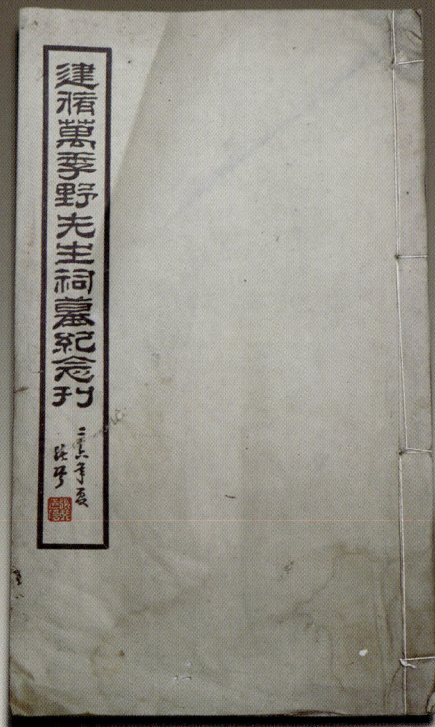

## 建修万季野先生祠墓纪念刊一卷征信录一卷

建修万季野先生祠墓事务所编　中华民国二十六年（1937）铅印本

长17厘米，宽29厘米

梁改亭先生鑒定
董思白先生著
畫禪室隨筆

大魁堂藏版

序云

隨筆者薘玄宰先生所

著皆小品如揚子無補詮

之而另為一書甚有綬扵禪

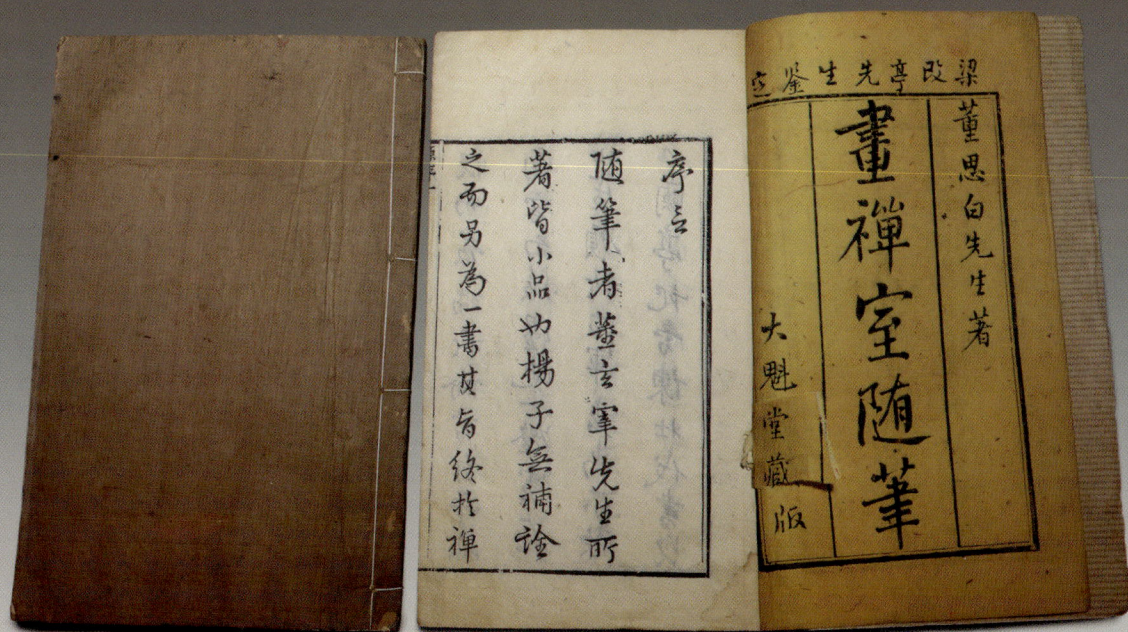

## 画禅室随笔四卷

（明）董其昌著　清康熙（1662～1723）大魁堂刻本

长15.3厘米，宽23.7厘米

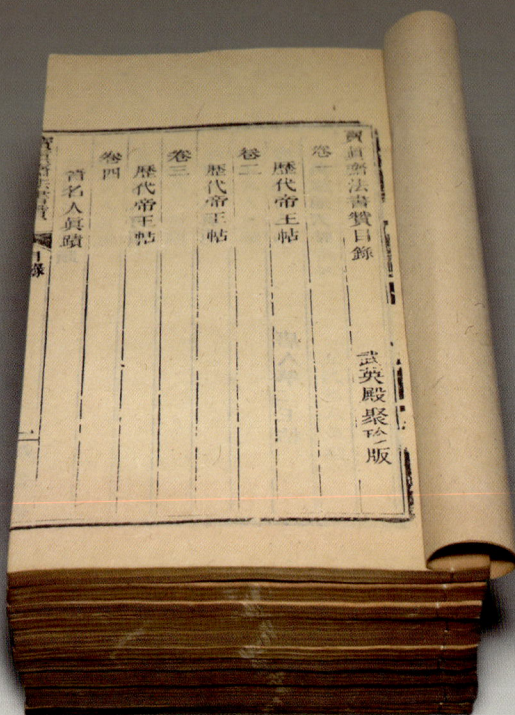

宝真斋法书赞二十八卷

（宋）岳珂撰　清乾隆（1736～1796）武英殿木活字印本

长15厘米，宽25厘米

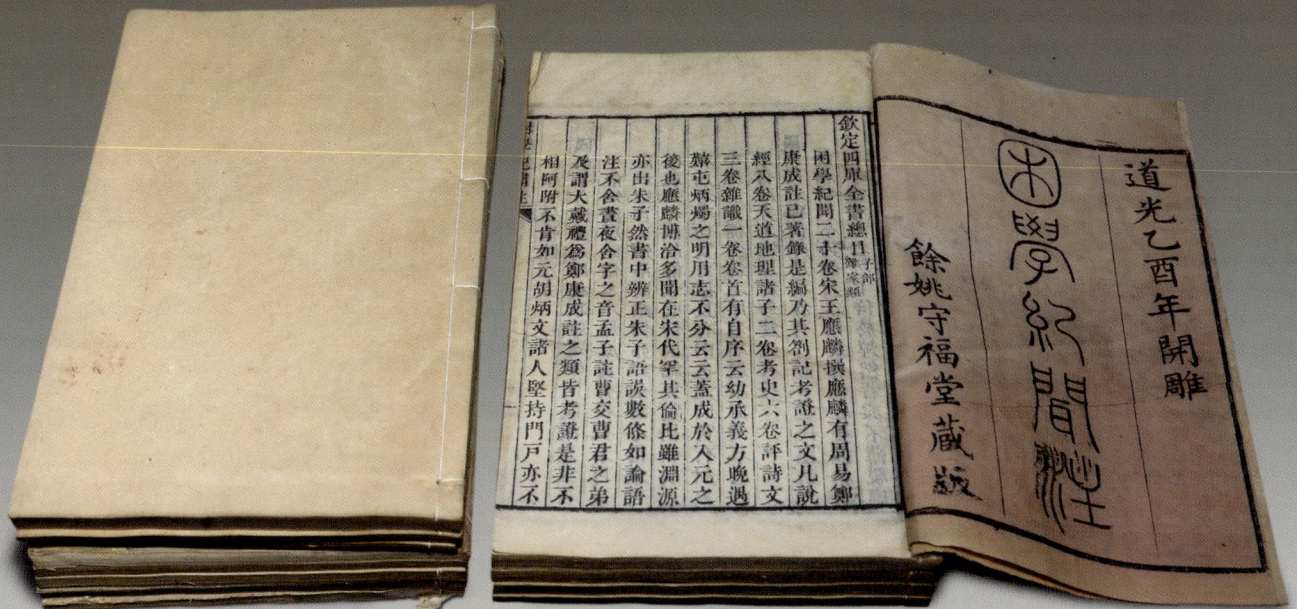

困学纪闻注二十卷

(清)翁元圻辑　清道光五年（1825）余姚翁氏守福堂刻本
长15.5厘米，宽24厘米

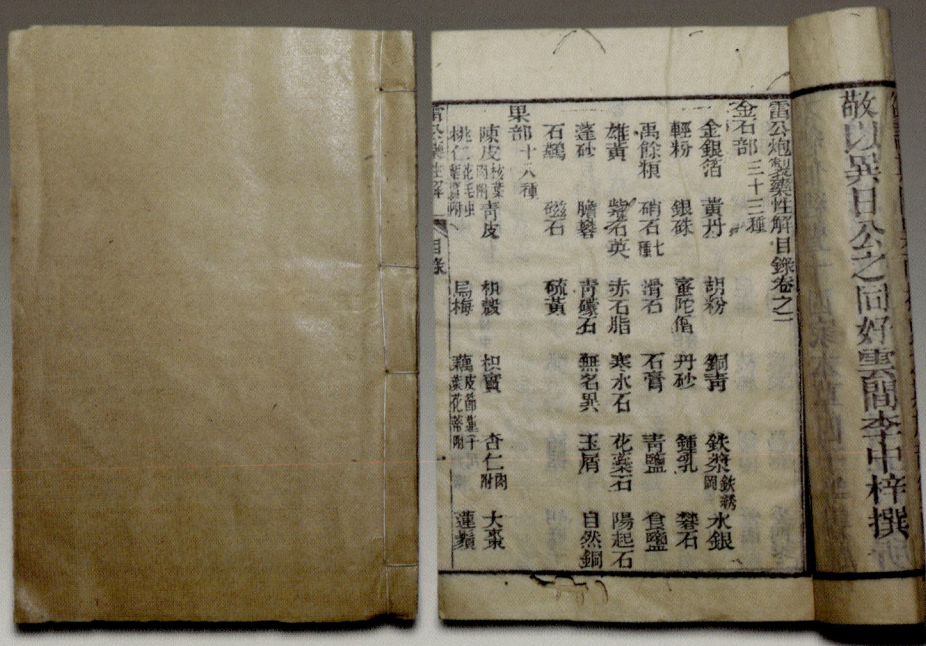

**雷公炮制药性解六卷**

（明）李中梓编辑　清（1616～1911）刻本

长11.3厘米，宽15.5厘米

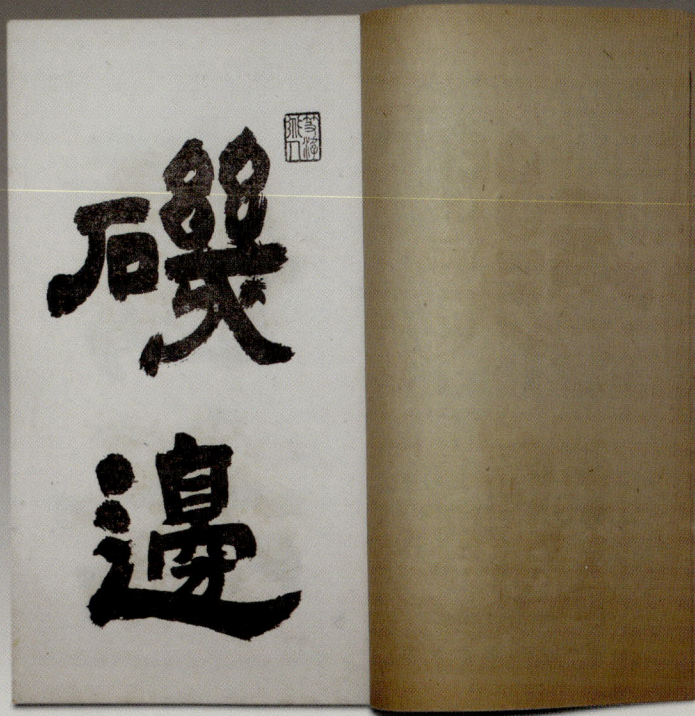

## 邓完白隶书墨迹不分卷

（清）邓石如书　中华民国八年（1919）上海有正书局石印本
长15.2厘米，宽26.6厘米

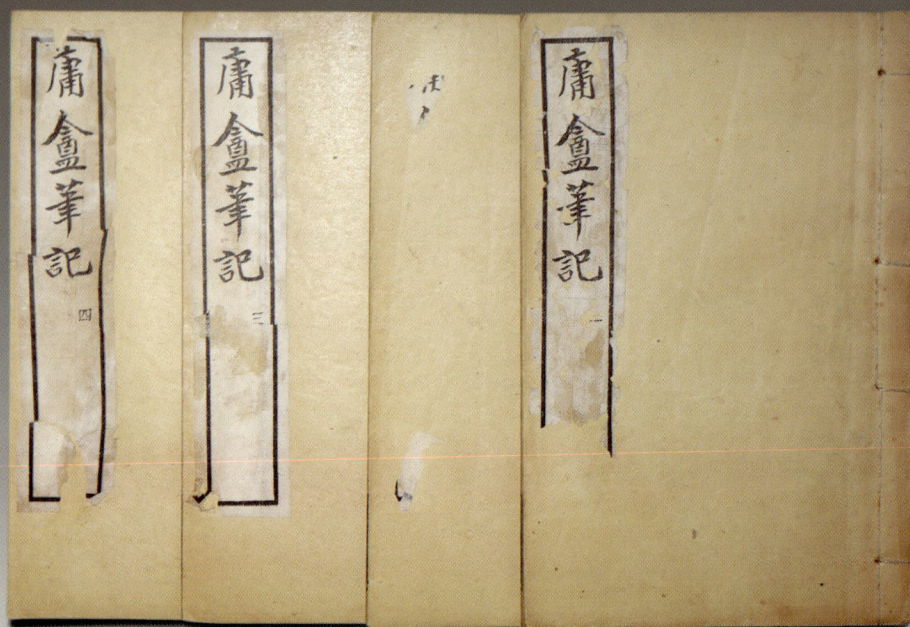

## 庸盦笔记六卷

（清）薛福成撰　中华民国十二年（1923）上海文明书局石印本

长13.2厘米，宽20.1厘米

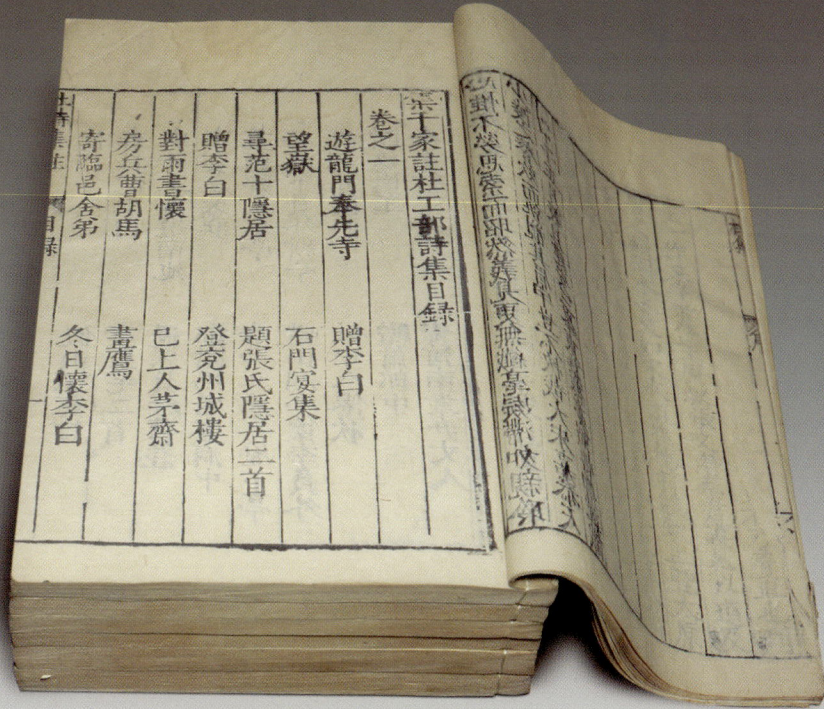

## 集千家注杜工部诗集二十卷文集二卷

（唐）杜甫撰　明万历三十年（1602）长洲许自昌刻李杜全集本

长16.9厘米，宽26.1厘米

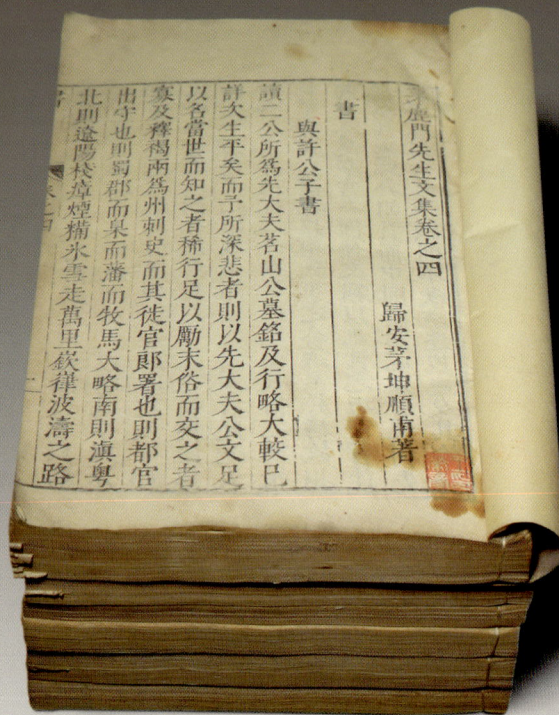

茅鹿門先生文集三十六卷

（明）茅坤著　明萬曆（1573～1620）刻本

長16.7厘米，寬25.8厘米

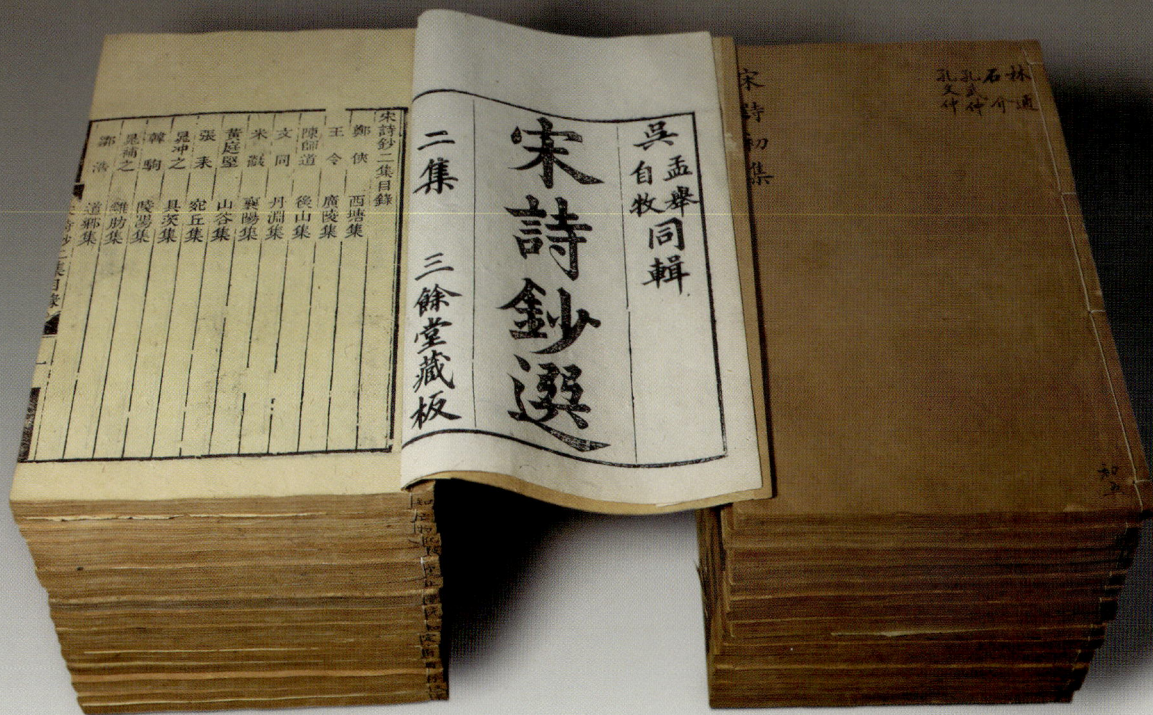

## 宋诗钞选

（清）吴之振、吴自牧编　　清康熙十年（1671）三余堂刻本
长15.7厘米，宽24.9厘米

庚子山集總目

| 庚子山集總目 | | | |
|---|---|---|---|
| 序 | 題辭 | | |
| 年譜 | 世系圖 | | |
| 本傳 | 世系圖 | | |
| 目錄 | 滕王序 | | |
| 第一卷 賦 | 第一卷 賦 | | |
| 第四卷 詩 | 第三卷 詩 | | |
| 第六卷 歌辭 | 第五卷 樂府 | | |
| 第八卷 啟 | 第七卷 表 | | |
| 第十卷 讚銘 | 第九卷 連珠 | | |
| 第十一卷 序傳 | 第十一卷 敘文 | | |

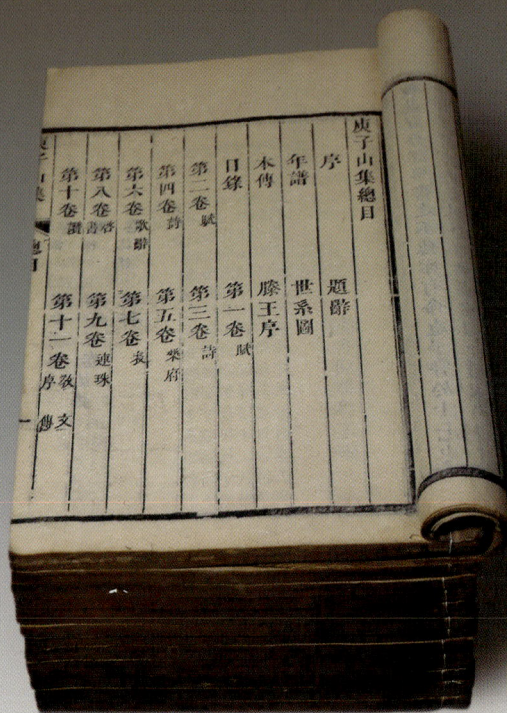

## 庚子山集十六卷

（北周）庚信撰　清康熙二十六年（1687）崇岫堂刻本
長16.7厘米，寬25.5厘米

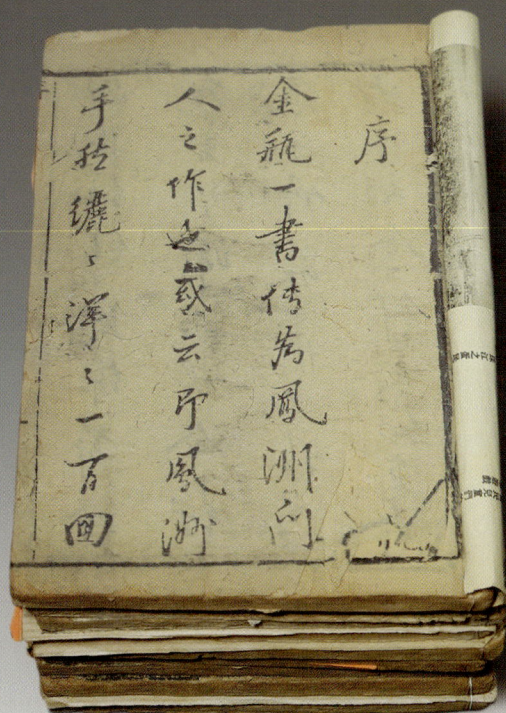

## 皋鹤堂批评第一奇书金瓶梅一百回

（明）不著撰者　清康熙三十四年（1695）刻后印本

长14.8厘米，宽22.6厘米

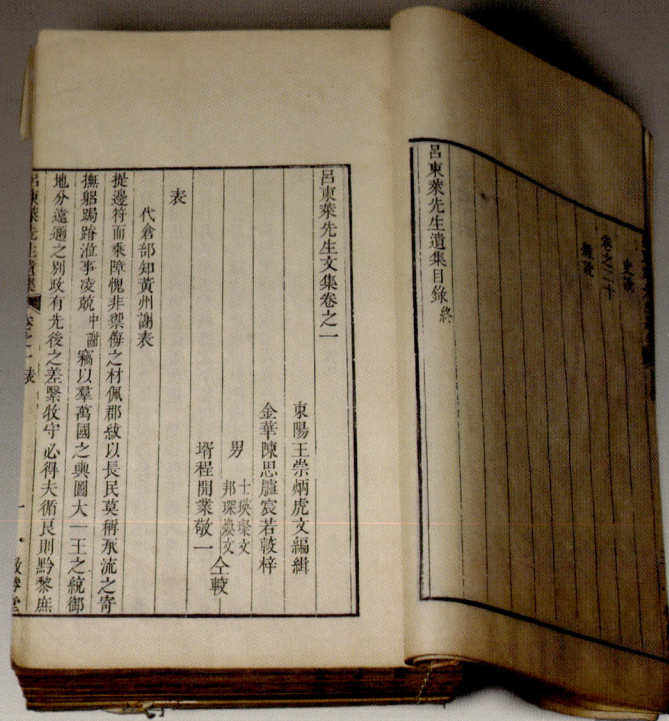

**吕东莱先生文集二十卷首一卷**

（宋）吕祖谦撰　清雍正（1723～1736）陈思卢敬胜堂刻本

长18.1厘米，宽28.3厘米

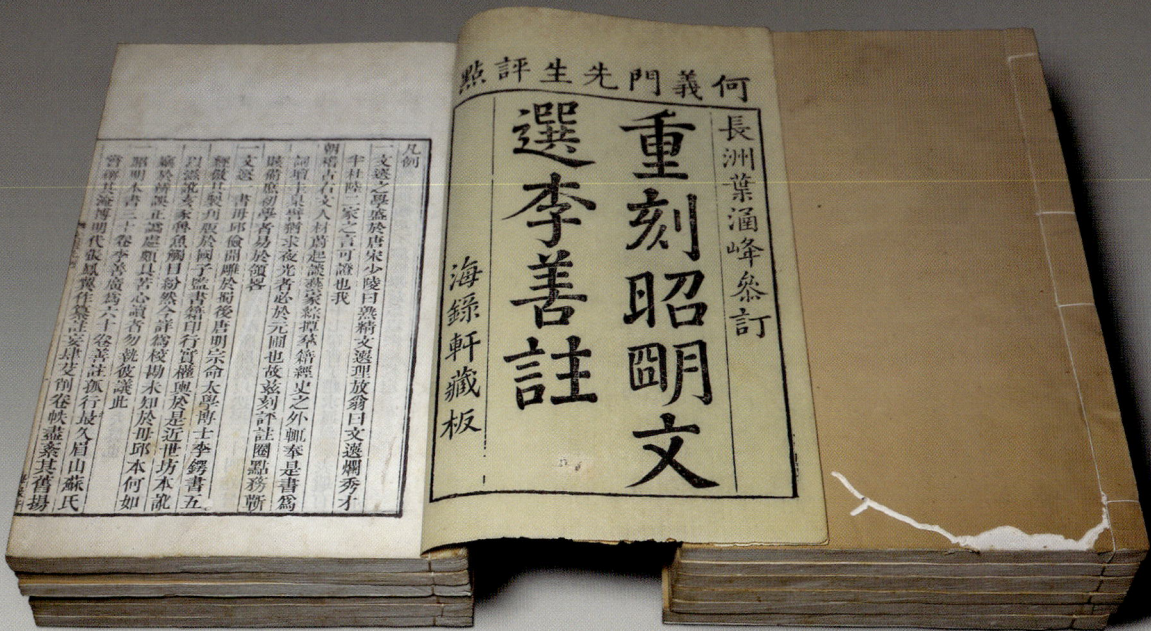

## 文选六十卷

（梁）昭明太子（萧统）撰　清乾隆三十七年（1772）叶树藩海录轩刻朱墨套印本
长17.7厘米，宽27.9厘米

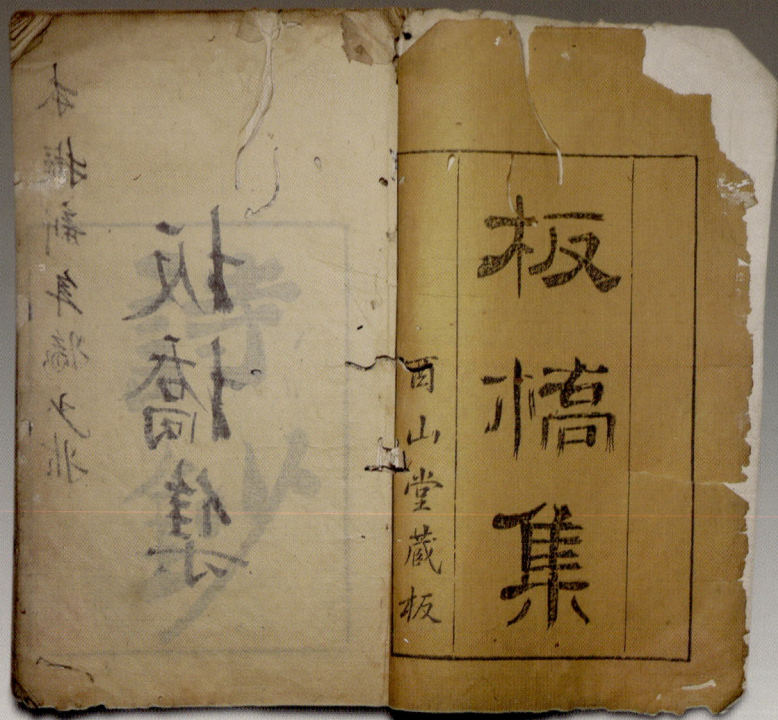

板桥集六卷

（清）郑燮著　清（1616~1911）刻本

长15.7厘米，宽24.6厘米

鄞全謝山先生著

鮚埼亭集

姚江借樹山房藏板

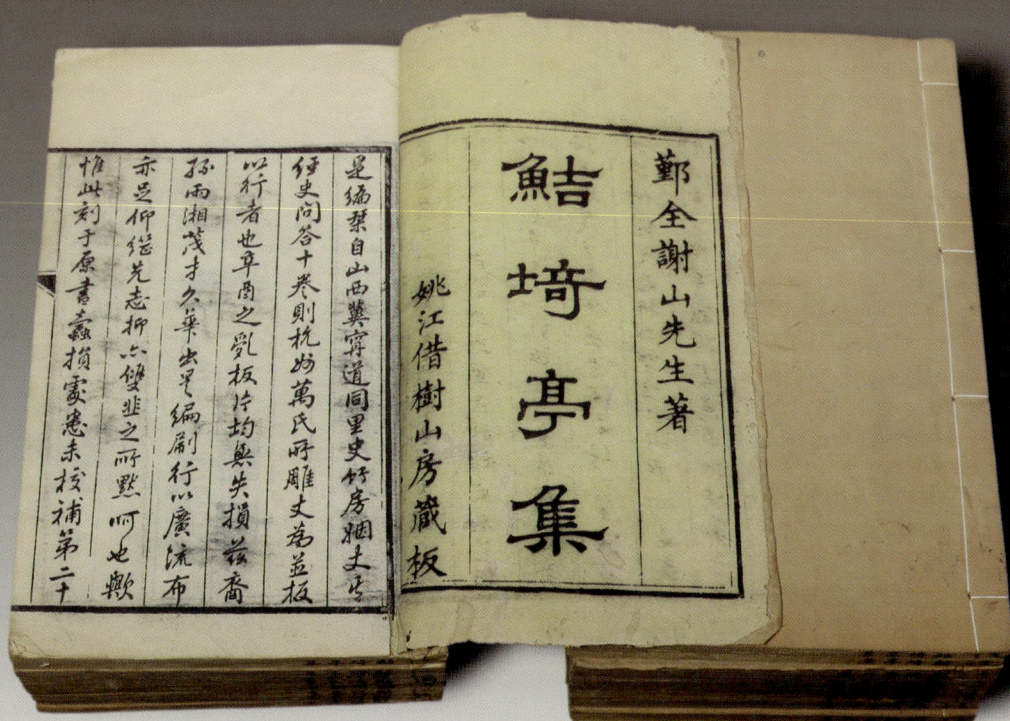

## 鮚埼亭集三十八卷首一卷外編五十卷

（清）全祖望撰　清嘉慶九年（1804）余姚史夢蛟借樹山房刻同治十一年（1872）補刻本
長15.4厘米，寬24.5厘米

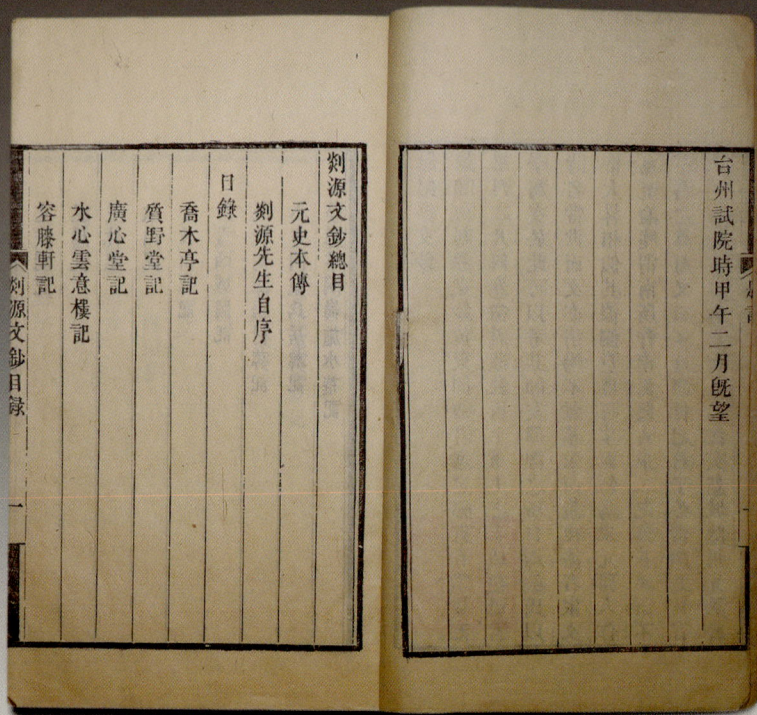

**剡源文钞四卷**

（元）戴表元撰　清道光十三年（1833）甬上卢氏刻本

长16.2厘米，宽25.3厘米

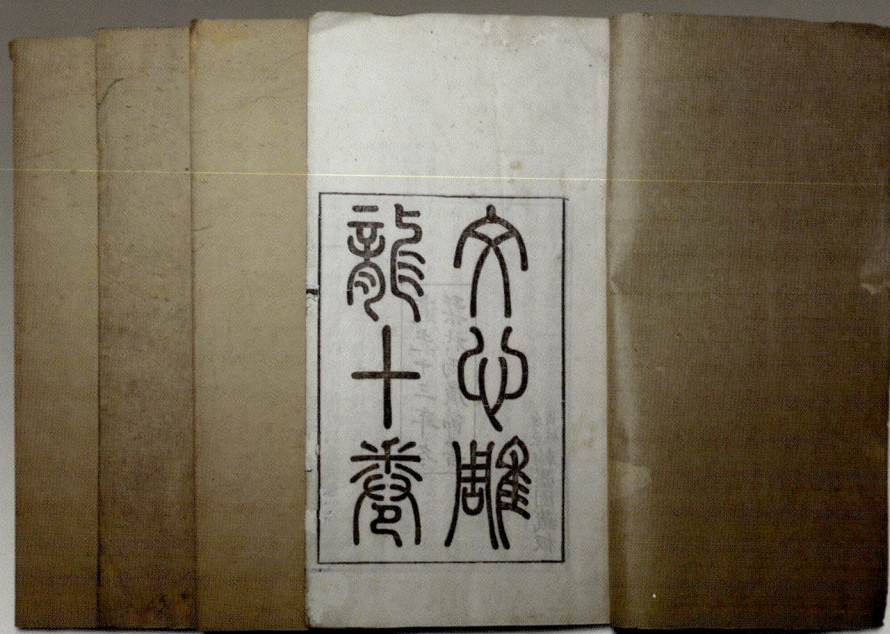

## 文心雕龙十卷

（梁）刘勰撰　清道光十三年（1833）两广节署刻朱墨套印本
长17厘米，宽29.5厘米

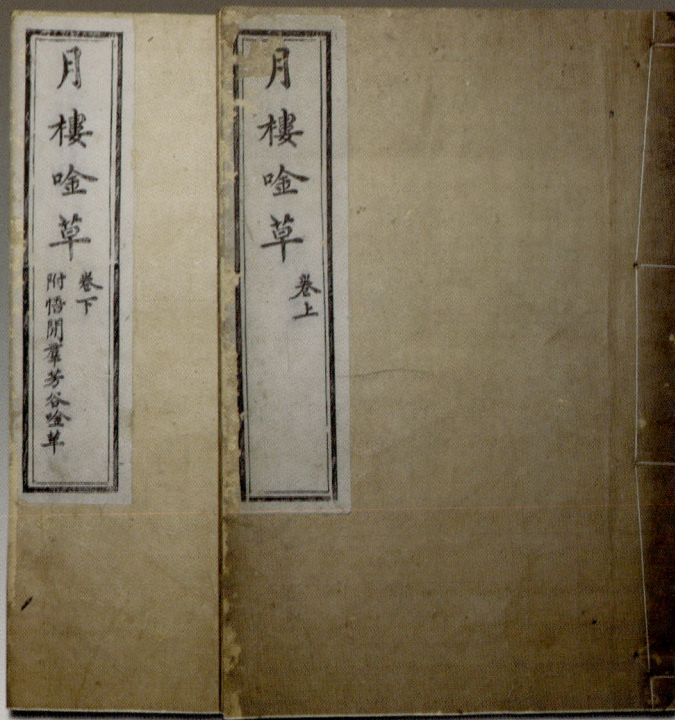

## 月楼吟草古今诗二卷

（清）黄廷议撰　清咸丰四年（1854）木活字印本

长17厘米，宽24.7厘米

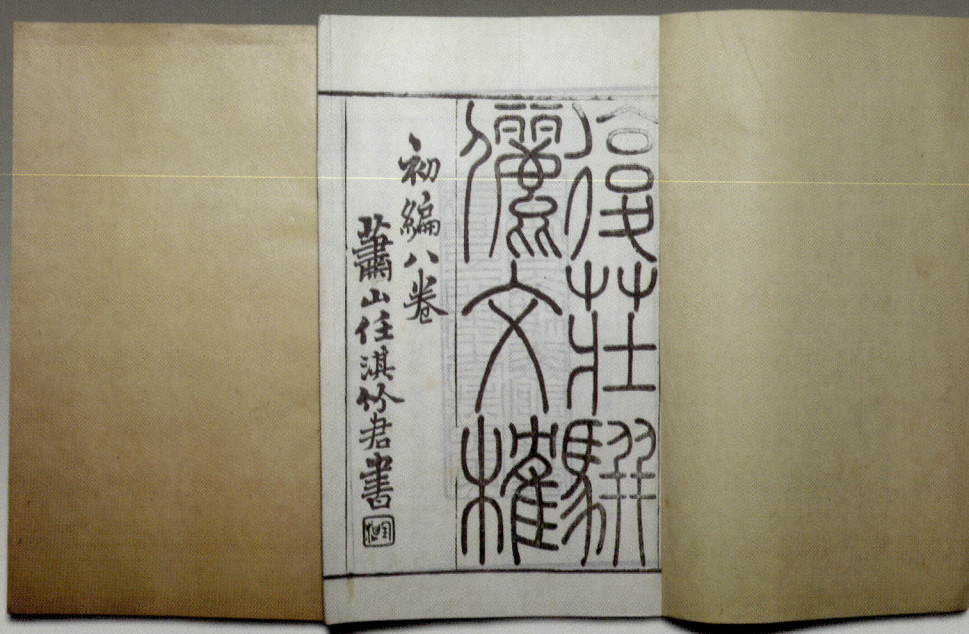

## 复庄骈俪文榷八卷

（清）姚燮撰　清咸丰四年（1854）大梅山馆刻本

长15.1厘米，宽23厘米

烟屿楼诗集一 序题词目总评 卷一之卷三

烟屿楼诗集二 卷四之卷九

烟屿楼诗集三 卷十之卷十五

烟屿楼诗集四 卷十六之卷十八 游杭合集附

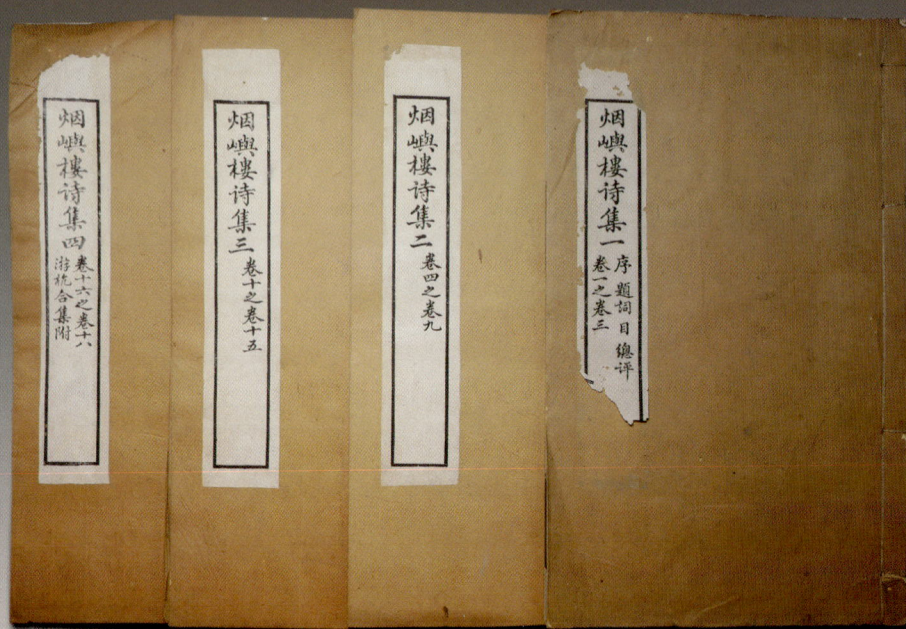

## 烟屿楼诗集十八卷

（清）徐时栋稿　清同治六年（1867）虎脾山房叶氏刻本

长18厘米，宽29.1厘米

天愚山人
詩文集

同郡後學陳勸題

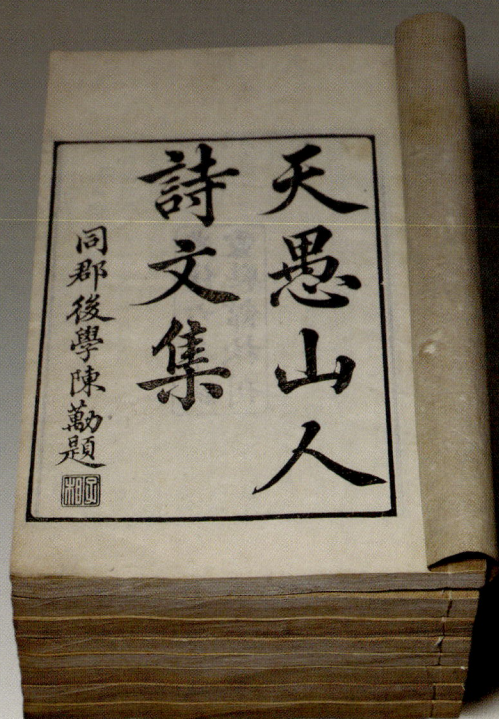

**天愚山人诗集十二卷文集十六卷**

（清）谢泰宗著　　清光绪六年（1880）灵蕤馆刻本

长15.5厘米，宽24.5厘米

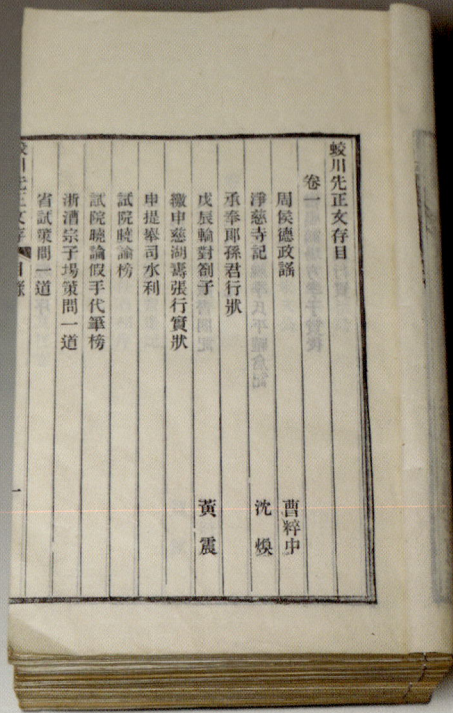

蛟川先正文存目

卷一

周候德政謠　曹粹中
淨慈寺記　沈煥
承奉郎孫君行狀
戊辰輪對劄子
薇申慈湖薦張行實狀
申提舉司水利
試院曉論榜　黃震
試院曉論假手代筆榜
浙漕宗子場策問一道
省試糞問一道

## 蛟川先正文存二十卷補遺一卷

（清）陈骏孙编　清光绪七年（1881）刻本

长15.6厘米，宽24.7厘米

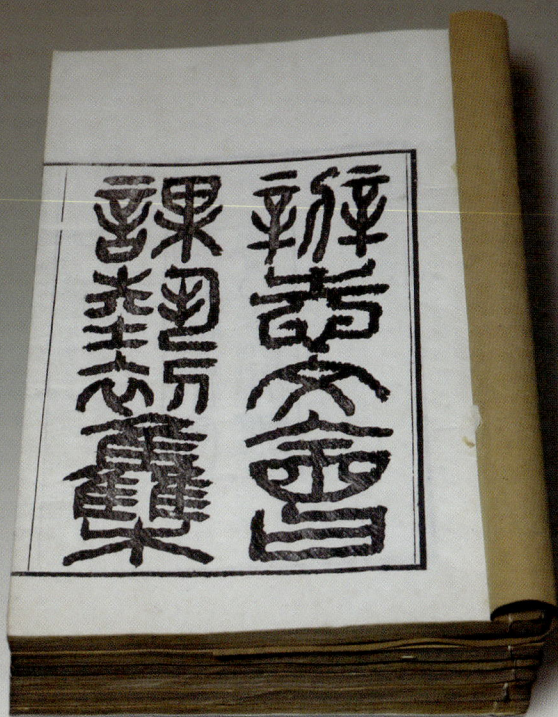

## 辨志文会初集不分卷

（清）宗源瀚编　清光绪七年（1881）刻本

长15.3厘米，宽24.4厘米

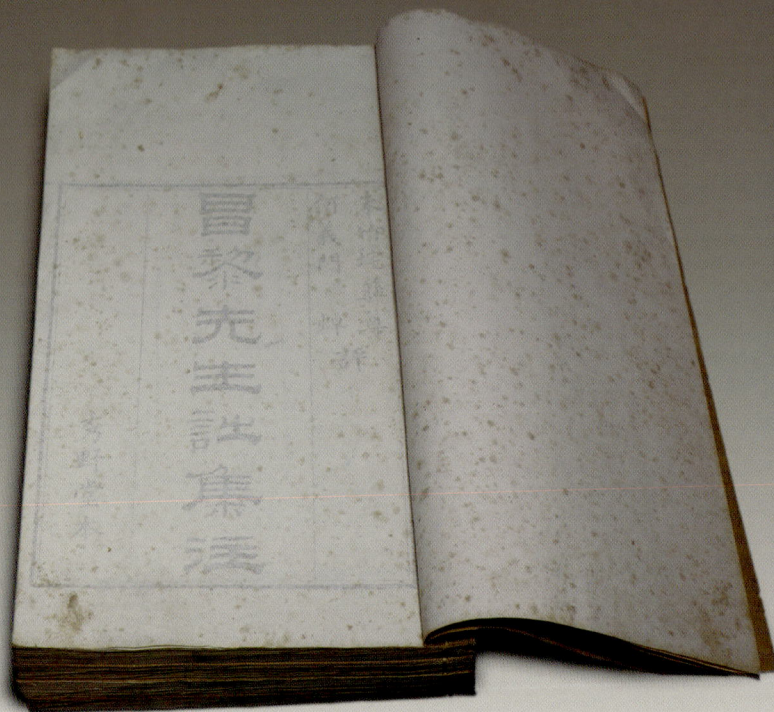

## 昌黎先生诗集注十一卷年谱一卷

（清）顾嗣立删补　清光绪九年（1883）广州翰墨园刻三色套印本

长17.1厘米，宽30厘米

爇餘小草二卷

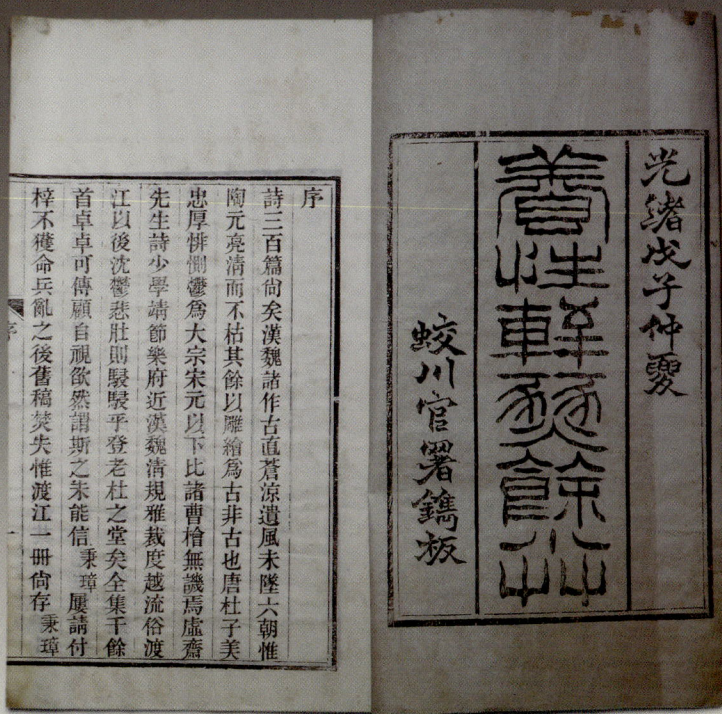

（清）王静涵撰　清光绪十四年（1888）蛟川官署刻本
长16.6厘米，宽27.5厘米

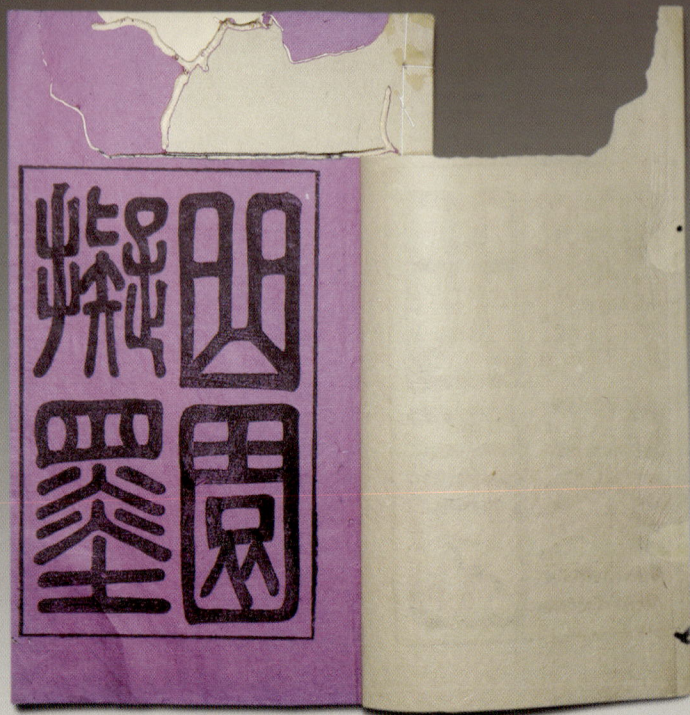

## 曲园拟墨一卷

（清）俞樾撰　清光绪十四年（1888）刻本

长15.3厘米，宽24.3厘米

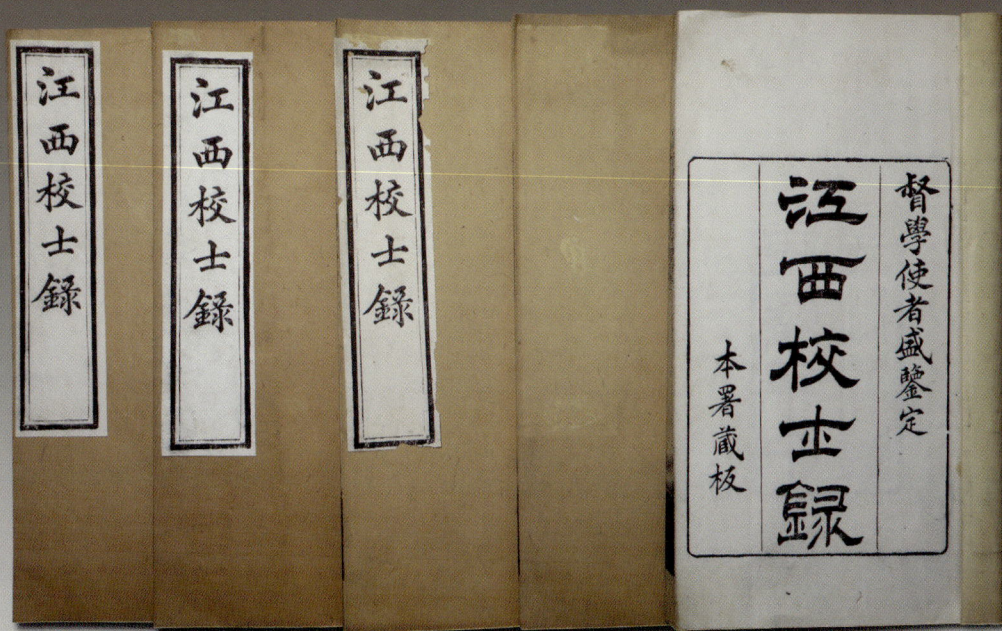

## 江西校士录

（清）盛炳纬选定　清光绪二十年（1894）刻本
长15厘米，宽26.5厘米

聽月樓詩鈔

奎俊題

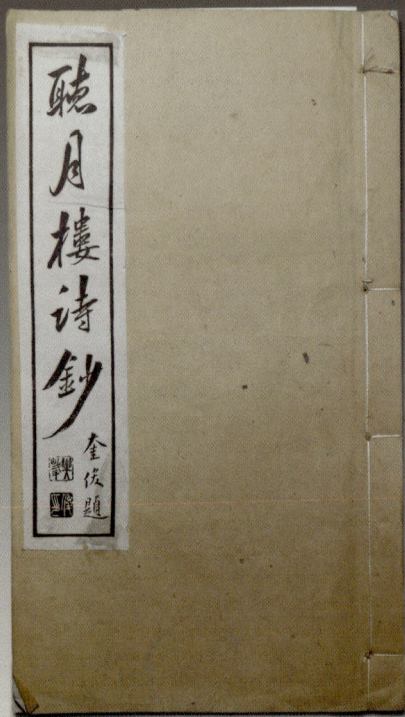

## 听月楼遗稿二卷

（清）严恒著　清光绪二十八年（1902）上海小长芦馆石印本
长15.3厘米，宽26.5厘米

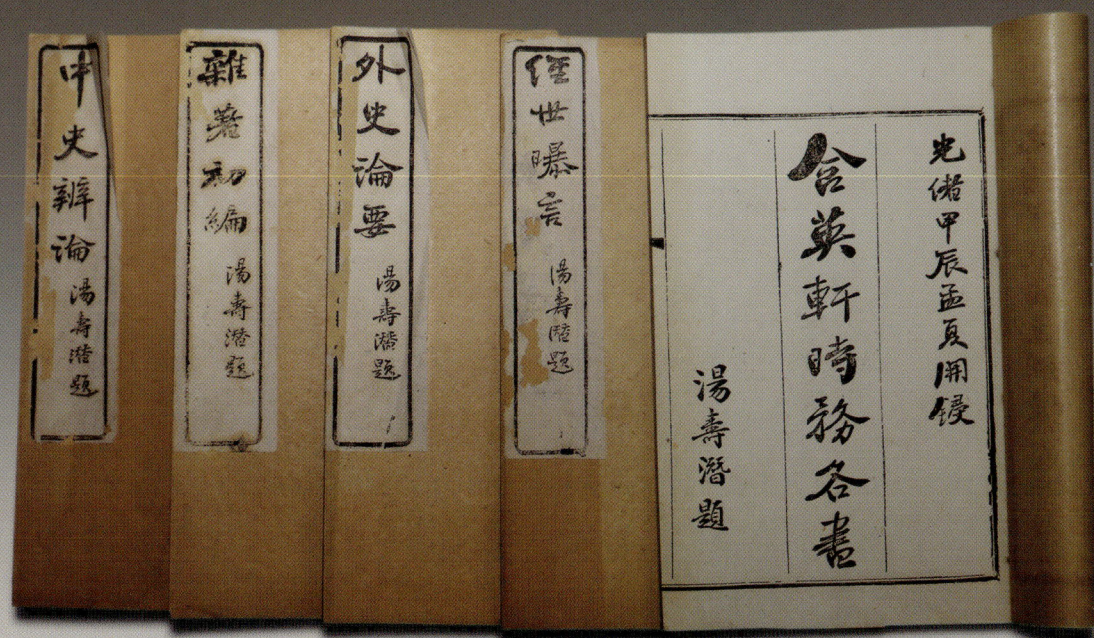

## 含英轩文集

（清）郑传笈著　清光绪三十年（1904）竞化书局铅印本
长12.1厘米，宽19.1厘米

容膝軒詩彙

門下士竺麐祥署籤

容膝軒詩草目錄

卷一　古體詩三十六首

卷二　古體詩四十一首附十四首

卷三　近體詩一百三十首附二首

卷四　近體詩一百廿首附十七首

卷五　近體詩

鎮海王氏藏板

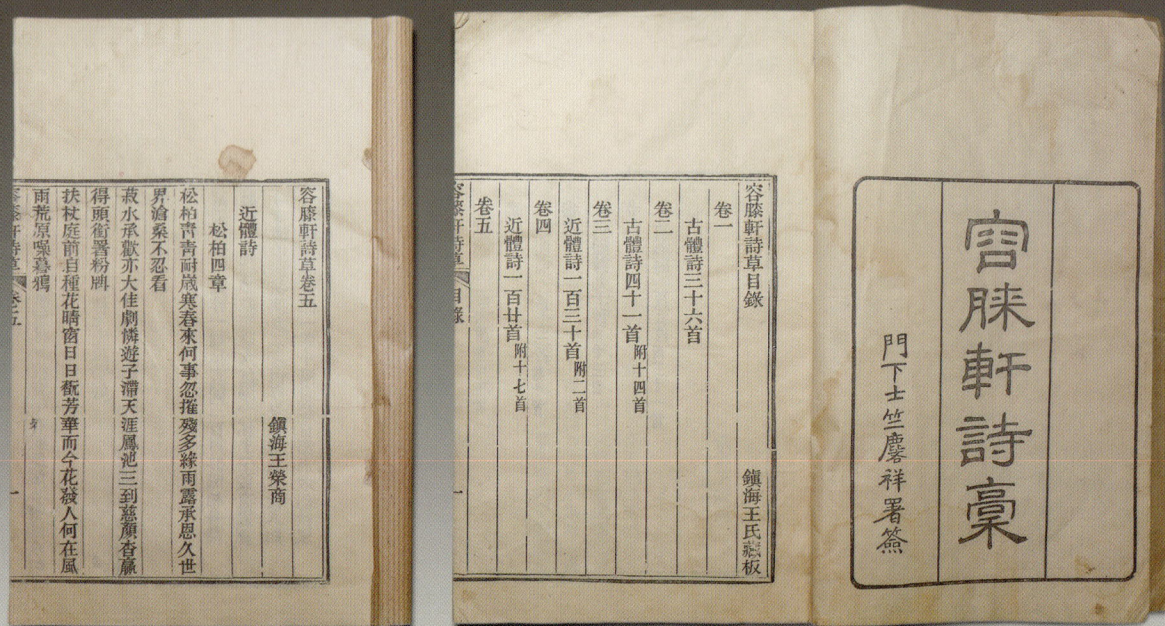

容膝軒詩草卷五

近體詩

松柏詩

松柏四章

鎮海王榮商

松柏青青耐歲寒春來何事忽摧殘多緣雨露承恩久世

界滄桑不忍看

裁水承歡亦大佳劇憐遊子滯天涯鳳池三到慈顏奮矗

得願衢署粉圖

扶杖庭前自種花晴窗日日靚芳華而今花殺人何在風

雨荒原噪暮鴉

## 容膝轩诗草八卷

（清）王荣商撰　清宣统三年（1911）刻本

宽17.9厘米，长26.7厘米

**蛟川诗系三十一卷首一卷**

（清）姚燮辑　中华民国二年（1913）铅印本

长15.3厘米，宽25.9厘米

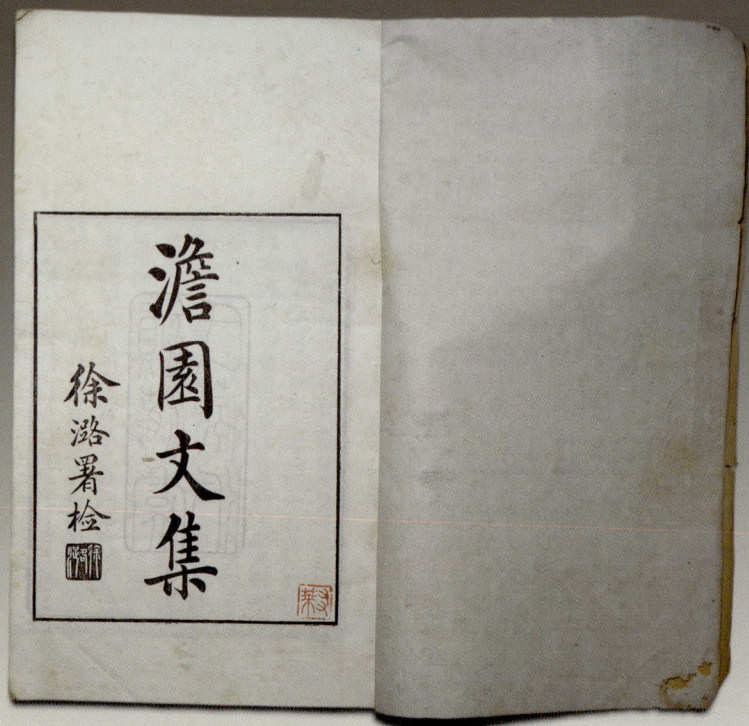

## 澹园文集二卷卷首一卷诗集二卷

（清）虞景璜撰　清宣统三年（1911）、中华民国四年（1915）镇海虞氏刻本

长16.8厘米，宽27.4厘米

## 续甬上耆旧诗一百二十卷首一卷

（清）全祖望辑选　中华民国七年（1918）四明文献社铅印本

长15.6厘米，宽27.5厘米

**蛟川耆旧诗补十二卷**

（中华民国）王荣商编　中华民国七年（1918）刻本

长17.7厘米，宽29.7厘米

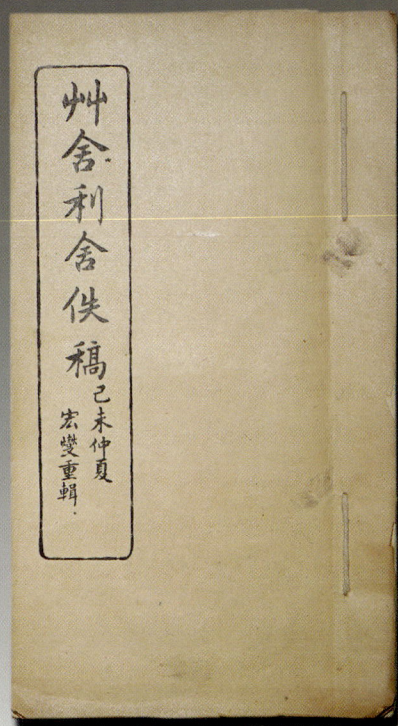

## 草舍利舍佚稿二卷

（清）陈尔修著　中华民国七年（1918）油印本
长15.4厘米，宽26.3厘米

## 详注曾文正公文集一卷诗集一卷书牍八卷日记二卷批牍二卷杂著一卷家训二卷家书八卷

（清）章琢其编注　中华民国十五年（1926）上海会文堂书局石印本

长13.3厘米，宽20厘米

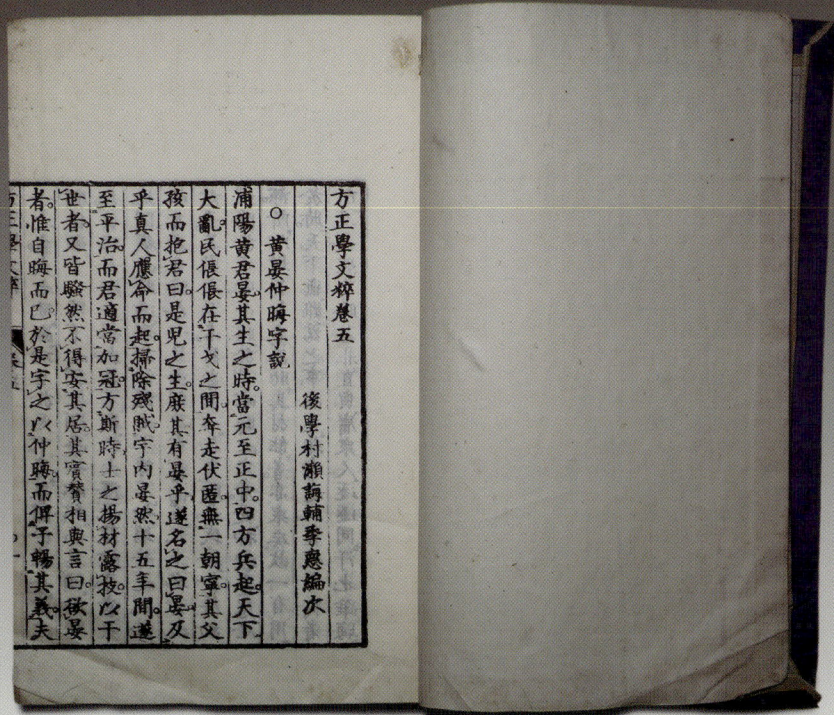

方正學文粹卷五

後學村瀨誨輔季恩編次

○黃晏仲晦字說

浦陽黃君晏其生之時當元至正中。四方兵起天下
大亂民俍俍在干戈之間奔走伏匿無一朝寧其父
後而抱君曰是兒之生麻其有曼乎遂名之曰晏及
平真人膺命而起掃除殘賊宇內晏然十五年間道
至平治而君適當加冠安其居其實贊相典言曰做晏
者惟自晦而已於是宇之以仲晦而俾予暢其義夫

## 方正学文粹六卷

（明）方孝孺撰　　日本文政十二年（1829）青木恒三郎刻本

长14.9厘米，宽22.5厘米

## 武英殿聚珍版书（存七种）

清乾隆三十八年（1773年）至嘉庆八年（1803年）辑　清（1616～1911）刻本
长15厘米，宽25.5厘米

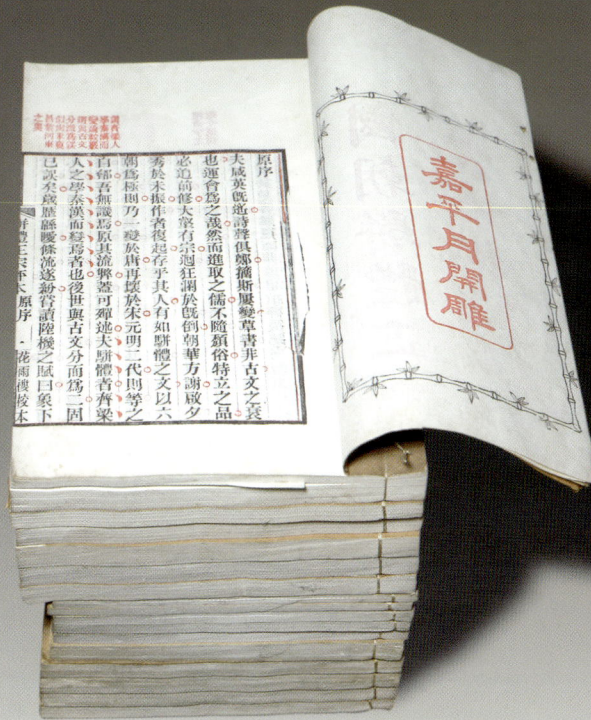

# 花雨楼丛钞（存五种）

（清）张寿荣辑　清光绪（1875～1909）蛟川张氏花雨楼刻本

长12.8厘米，宽19.5厘米

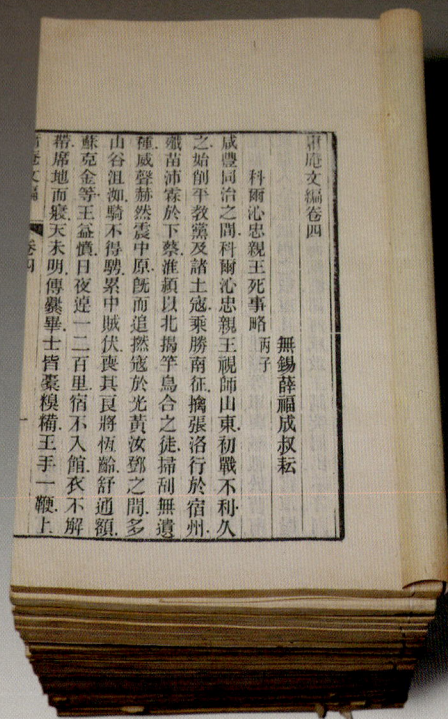

## 庸庵全集（存四种）

（清）薛福成撰　清光绪（1875~1909）无锡薛氏刻本

长15.5厘米，宽23.9厘米

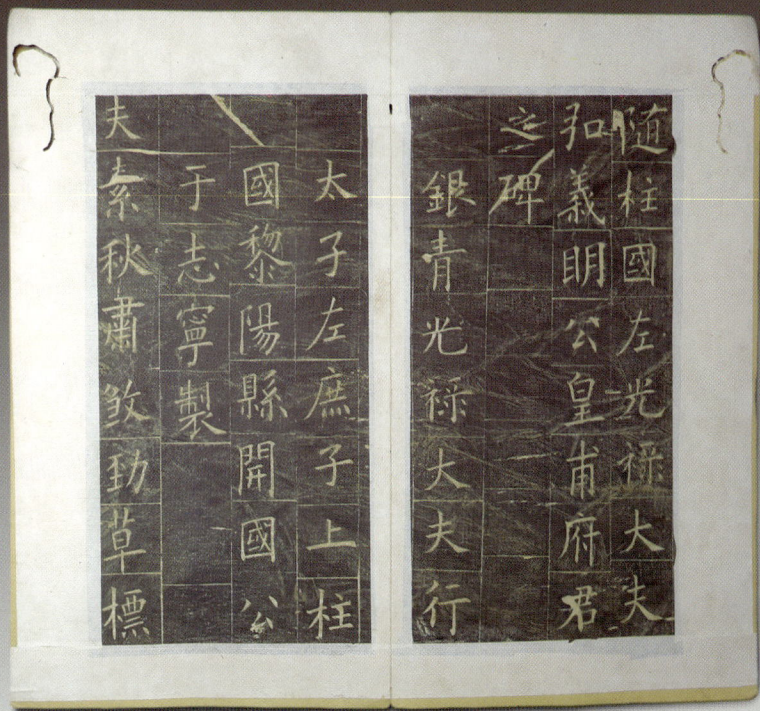

## 随柱国左光禄大夫弘义明公皇甫府君之碑不分卷

（唐）欧阳询书　清（1616～1911）拓本

长11.9厘米，宽23.3厘米

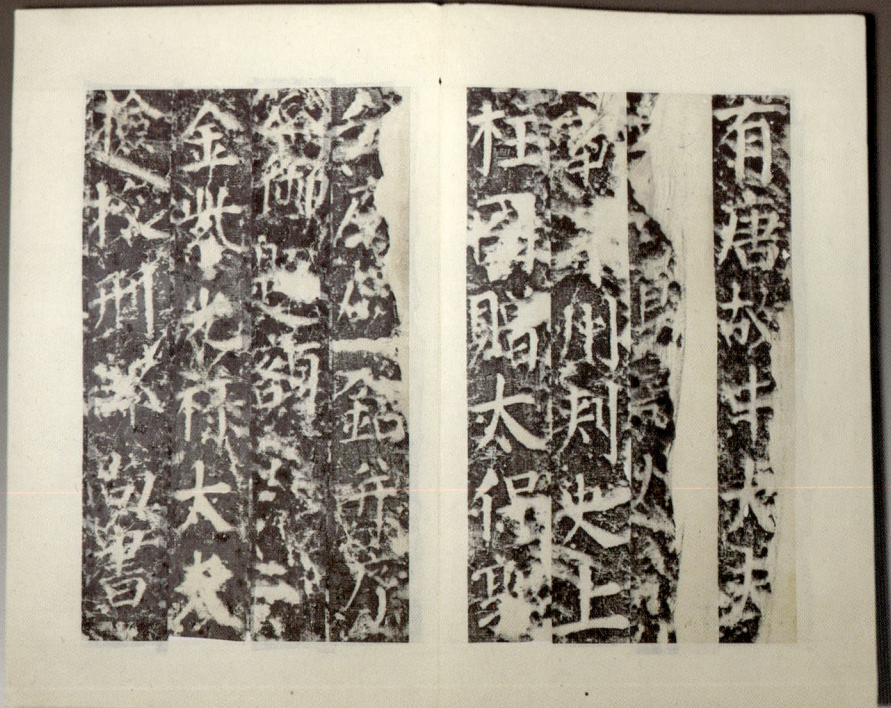

**有唐故中大夫使持节寿州诸军事寿州刺史上柱国赠太保郭公庙碑铭不分卷**

（唐）颜真卿撰并书　　清嘉庆（1796～1821）拓本

长21.5厘米，宽34厘米

**有唐抚州南城县麻姑山仙坛记不分卷**

（唐）颜真卿撰并书　清光绪（1875～1909）拓本

长15厘米，宽25.9厘米

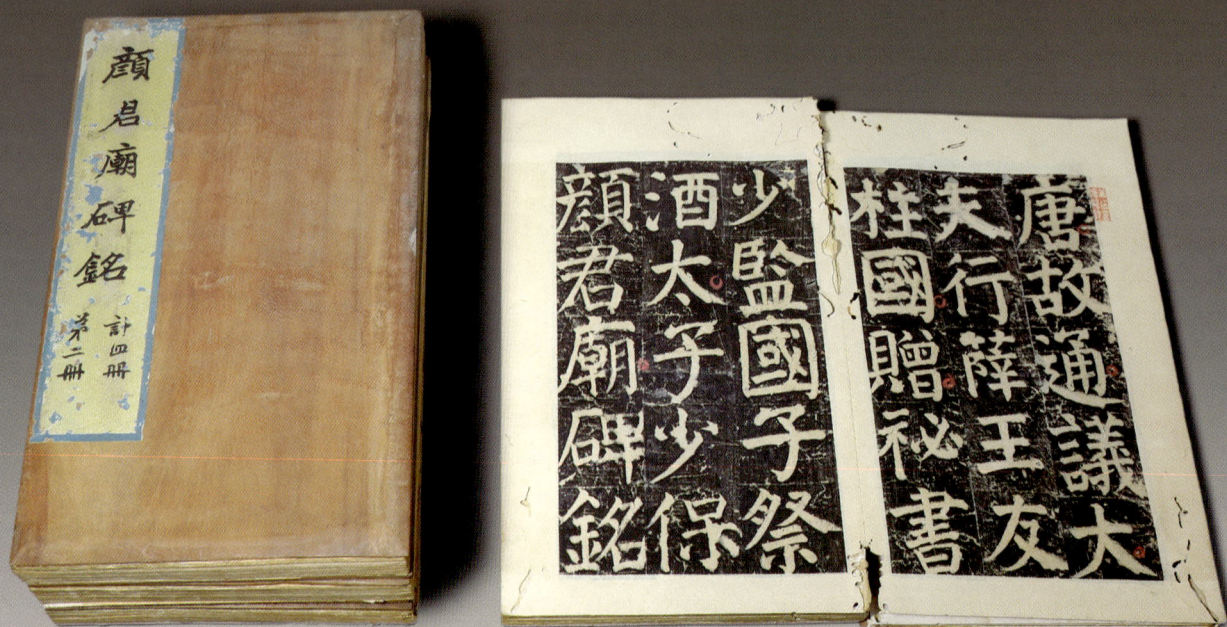

唐故通议大夫行薛王友柱国赠秘书少监国子祭酒
太子少保颜君庙碑铭并序不分卷

（唐）颜真卿撰并书　清（1616~1911）拓本
长15.3厘米，宽25.5厘米

**惟善堂林珍藏碑帖不分卷**

清（1616～1911）拓本

长9厘米，宽19厘米

**石刻十三经碑帖一百六十卷**

清（1616～1911）拓本

长14厘米，宽24.1厘米

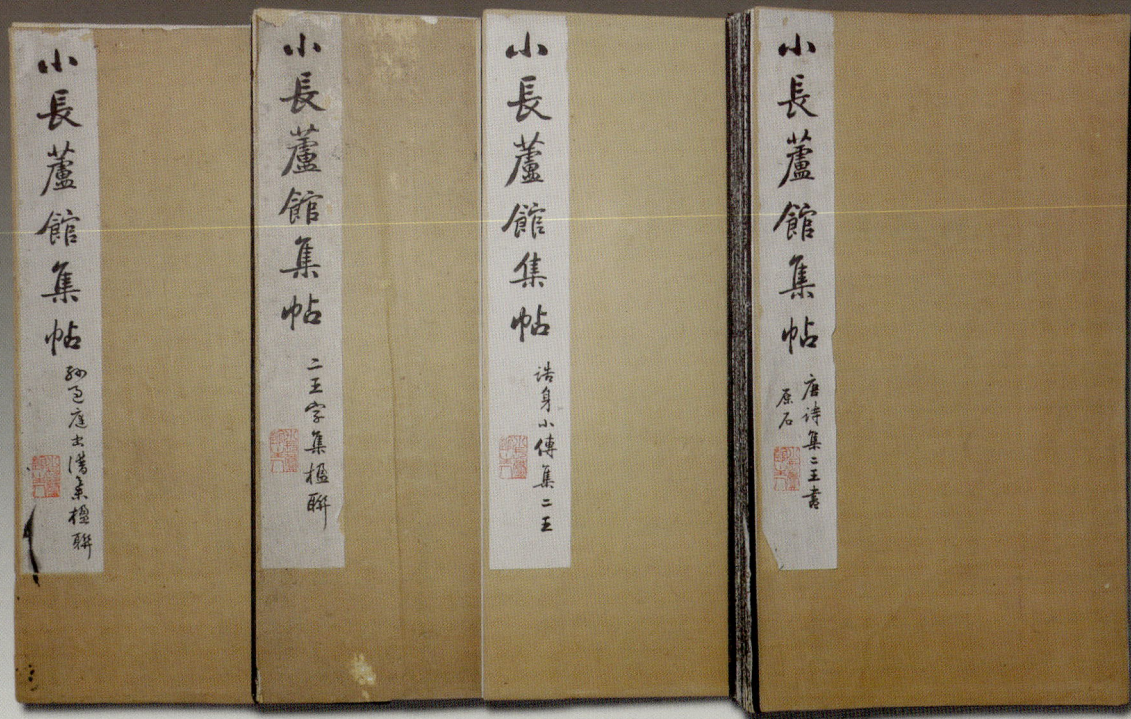

## 小长芦馆集帖十二卷

（清）严信厚集刊　清（1616～1911）拓本

长18.7厘米，宽32.5厘米

## 革命文物

**浙江省局造第九号红衣铁炮**

清 道光二十一年（1841）

长216厘米，膛口直径11.5厘米

## 浙江省局造第十五号平夷铁炮

清　道光二十一年（1841）

长158厘米，膛口直径13厘米

开花铁弹丸

清末

直径19厘米

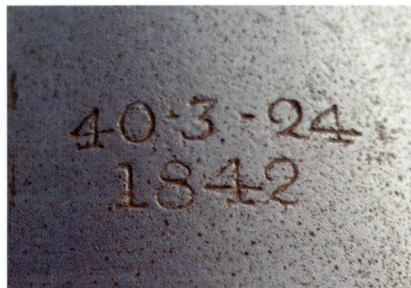

# 英国造前膛铁炮

1842年
长258厘米，膛口直径17厘米

### 英国瓦瓦斯后膛铁炮

公元19世纪

长308厘米，膛口直径20厘米

## 铁佩刀（附鞘）

清末
通长66厘米，通宽7.5厘米

铜柄铁佩剑

清末
通长63厘米，通宽10厘米

## 单筒铜望远镜

清末
直径3厘米，长20厘米

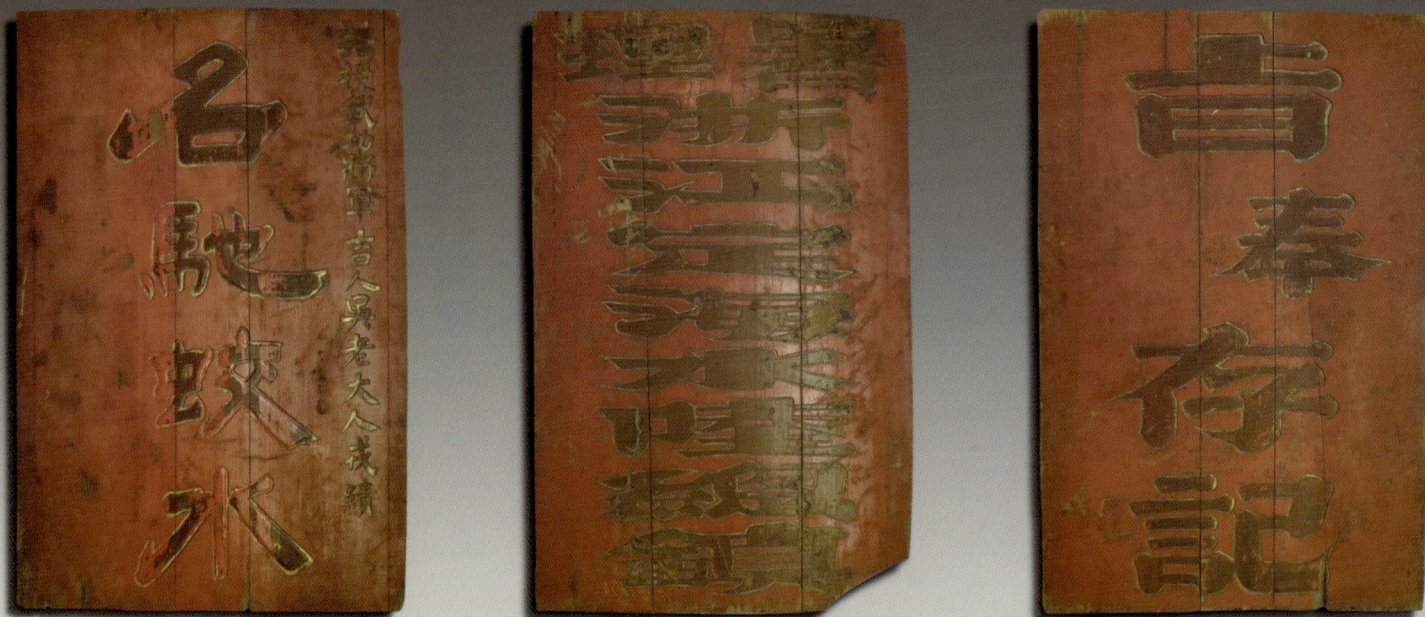

**吳杰功績木牌**

清末

長80厘米，寬52.5厘米，厚2.5厘米

### 陈寿昌穿过的黑棉提花夹袄

中华民国（1912～1949）
衣长59厘米，袖长45厘米

## 陈寿昌穿过的素缎长衫

中华民国（1912～1949）

衣长134厘米，袖长68厘米

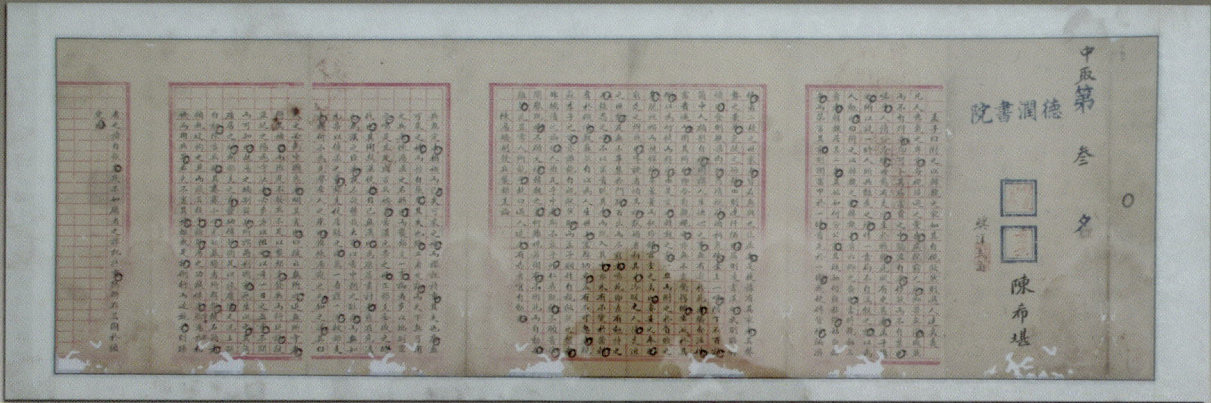

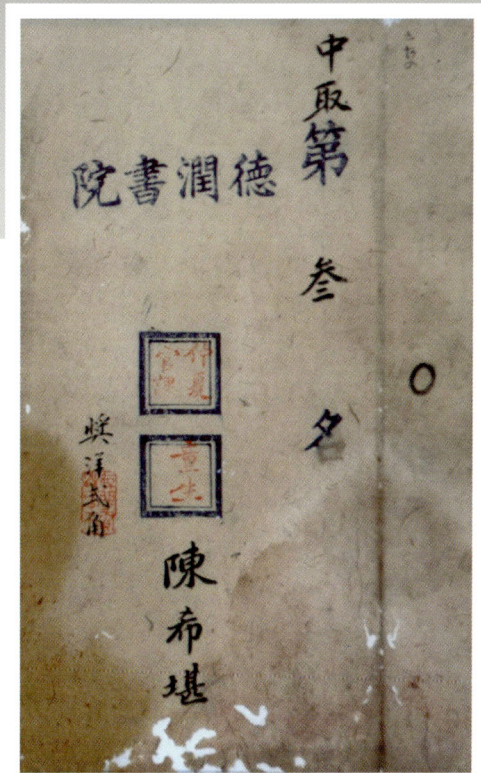

## 陈寿昌在德润书院的考试卷

中华民国（1912～1949）

长92厘米，宽28厘米

## 朱枫白缎彩绣鸡菊图绣片

中华民国（1912~1949）

长28厘米，宽23厘米

## 朱枫穿过的蓝绿条纹毛衣

中华民国（1912～1949）
通长60厘米，通宽36厘米，袖长55厘米

239

## 朱枫用过的白底蓝花毛巾毯

中华民国（1912~1949）

长220厘米，宽150厘米

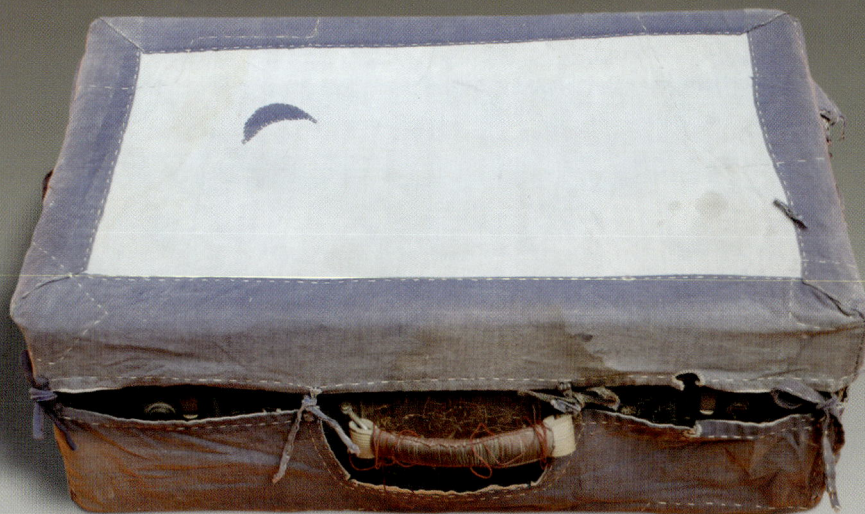

## 朱枫用过的黑棕色皮箱（附蓝布套）

中华民国（1912~1949）

长55厘米，宽34厘米，高19厘米

朱枫用过的木壳挂钟

中华民国（1912~1949）

长28.5厘米，宽11厘米，高61厘米

## 陈德法用过的公文包

抗日战争时期（1931～1945）
长40厘米，宽38厘米，厚10厘米

## 陈德法用过的公文包

抗日战争时期（1931～1945）

长32厘米，宽23厘米，厚3厘米

**铁迫击炮弹**

抗日战争时期（1931～1945）

通长30厘米，通宽7.5厘米

"浙江宁海保卫团"步枪

抗日战争时期（1931～1945）

通长130厘米，通宽12厘米

## 美式卡宾枪（附皮带）

抗日战争时期（1931～1945）
通长91厘米，通宽12.5厘米

**铁吊雷**

抗日战争时期（1931~1945）

直径12.5厘米，通高15厘米

## 缴获的日本"支那事变记念"铁章

日本昭和十二年（1937）
直径5.5厘米，厚0.3厘米

## 缴获的日军铁指挥刀

抗日战争时期（1931～1945）

通长97厘米，通宽7厘米

**缴获的日军铁指挥刀**

抗日战争时期（1931～1945）
通长100厘米，通宽7厘米

■■■武　器｜

**青铜镞**

周（前1046~前256）

通长3.5厘米，通宽0.9厘米

## 青铜镞

周（前1046～前256）
通长4厘米，通宽0.8厘米，通厚0.3厘米

**青铜镞**

周（前1046～前256）

通长3.2厘米，通宽0.9厘米

**青铜剑**

东周（前770～前256）
通长48厘米，通宽4厘米，厚0.8厘米

**青铜矛**

东周（前770~前256）

通长22厘米，通宽4.3厘米，厚0.8厘米

## 青铜矛

东周（前770～前256）
通长22.5厘米，通宽4厘米，厚1.8厘米

青铜矛

东周（前770～前256）
通长19.3厘米，通宽3.4厘米，厚0.8厘米

## 青铜短剑（残）

春秋时代（前770～前476）
通长24厘米，通宽5厘米

**卷云纹青铜矛（残）**

战国时代（前475~前221）
通长24.5厘米，通宽3.7厘米

## 铭文青铜戈（残）

战国时代（前475～前221）

通长18厘米，通宽6厘米，厚0.7厘米

## 羽人纹青铜剑（残）

战国时代（前475～前221）

通长19.2厘米，通宽5.8厘米

## 兽面纹铜剑格

五代十国（907～979）

通长7.7厘米，通宽3.2厘米，通高3.3厘米

**铜佛朗机**

明（1368～1644）
通长140厘米，通宽18厘米

# ■邮 品

## 甬江入海口照片明信片

公元19世纪末

长14厘米，宽9厘米

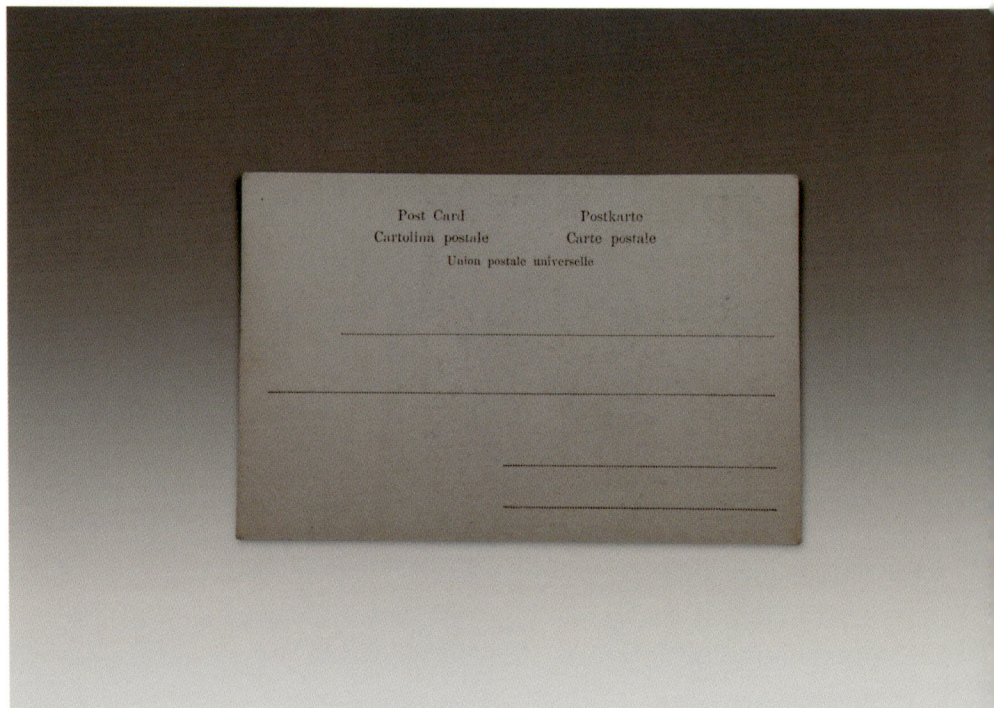

## 宁波乡下女人织布照片邮资明信片

*19世纪末20世纪初*

*长14厘米，宽9厘米*

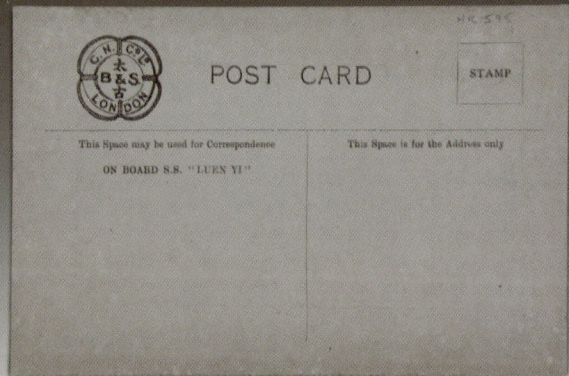

## 英国太古轮船公司明信片

19世纪末20世纪初

长15.2厘米，宽10.3厘米

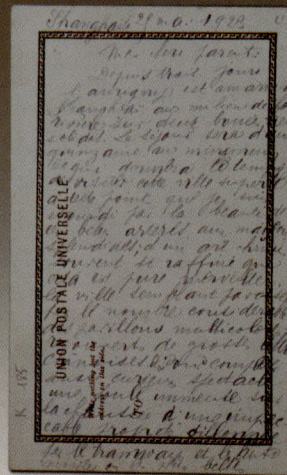

## 普陀山慧济寺风景邮资明信片

19世纪末20世纪初

长14厘米，宽9厘米

## 浙海关照片邮资明信片

19世纪末20世纪初

长13厘米，宽8.7厘米

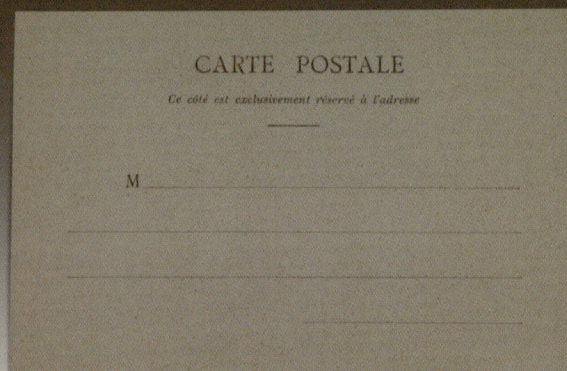

## 法国制作的宁波郊区街市即景明信片

19世纪末20世纪初

长13厘米，宽8.7厘米

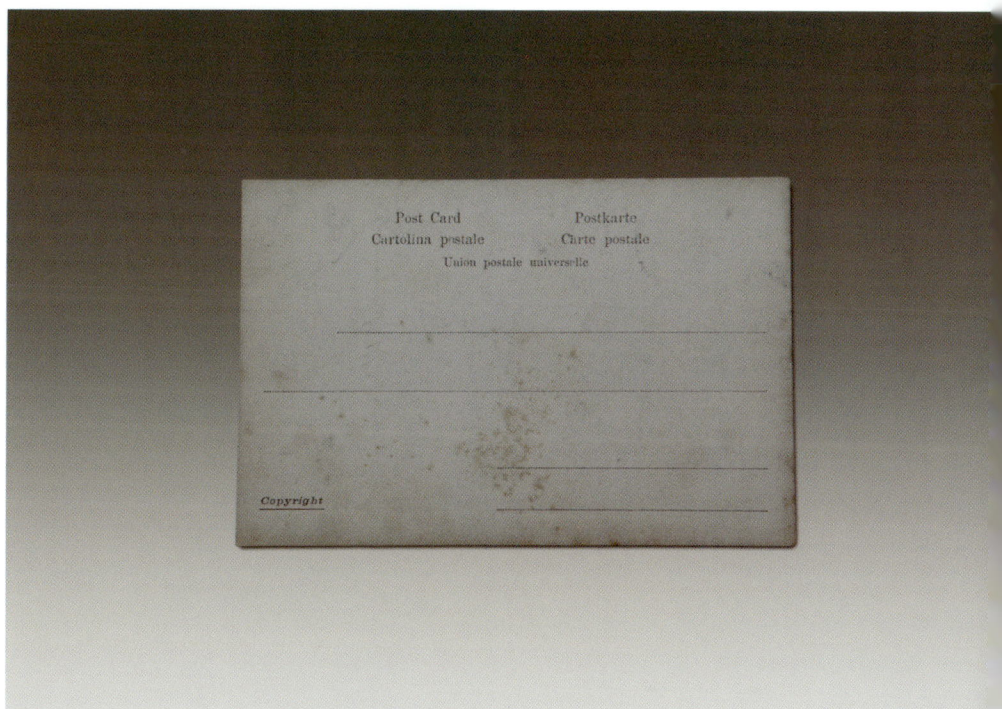

## 贴大清国邮政半分邮票宁波乡下妇女照片实寄明信片

1906年

长9厘米，宽14厘米

## 贴大清国邮政2分邮票宁波码头照片实寄明信片

1907年

长13.8厘米，宽9厘米

## 上海澄衷学校商科第一届毕业纪念明信片

中华民国十三年（1924）

长13.7厘米，宽9.1厘米

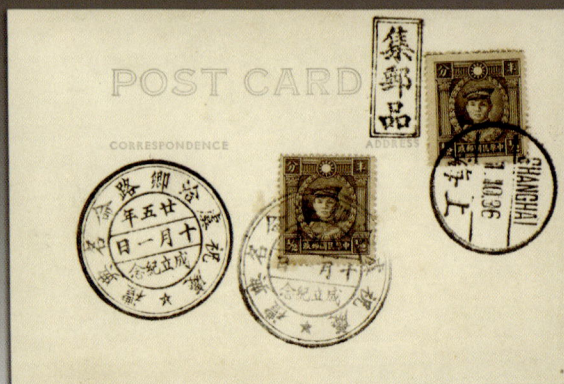

## 贴半分邮票盖纪念戳虞洽卿路命名纪念明信片（附套）

中华民国二十五年（1936）

长14.7厘米，宽9.2厘米

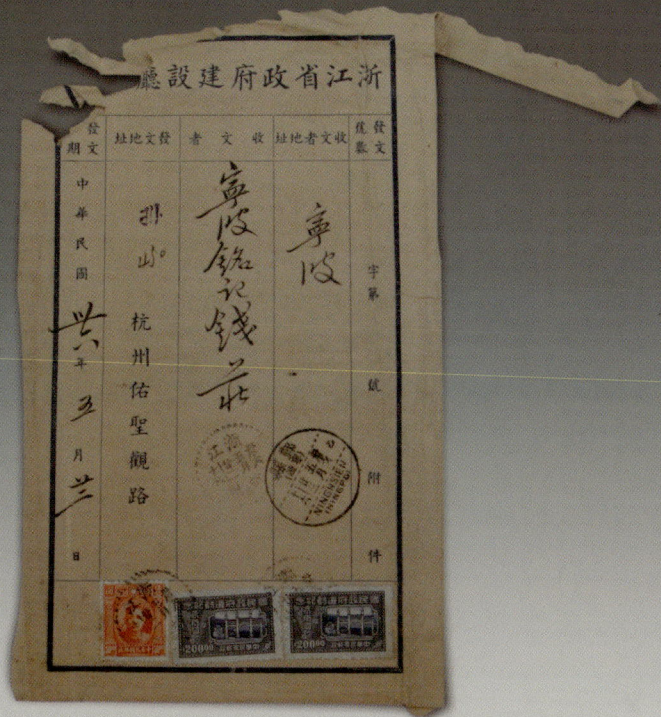

**贴50、200、200圆邮票浙江省政府建设厅寄宁波铭记钱庄实寄封**

中华民国三十六年（1947）

长13.9厘米，宽22.3厘米

## 孙中山头像捌分邮票

中华民国（1912～1949）

长4.5厘米，宽5厘米

## 法国制作的宁波盛装男女照片明信片

公元20世纪

长9厘米，宽14厘米

South Gate Ningpo City.

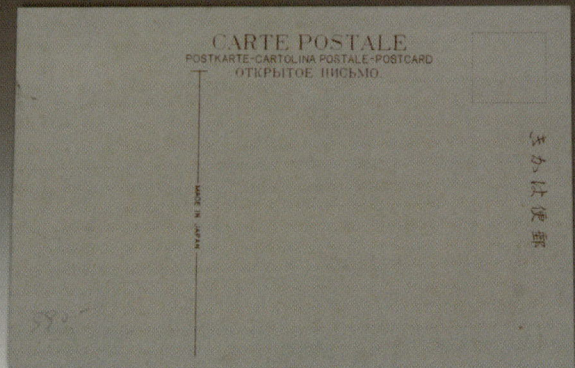

CARTE POSTALE
POSTKARTE·CARTOLINA POSTALE·POSTCARD
ОТКРЫТОЕ ПИСЬМО.

## 日本发行的宁波南门水关照片明信片

公元20世纪

长14厘米，宽9厘米

Canal Inside Ningpo City.

CARTE POSTALE
POSTKARTE·CARTOLINA POSTALE·POSTCARD
ОТКРЫТОЕ ПИСЬМО.

## 日本发行的宁波城内河照片明信片

公元20世纪
长14厘米，宽9厘米

## 文件宣传品、档案文书

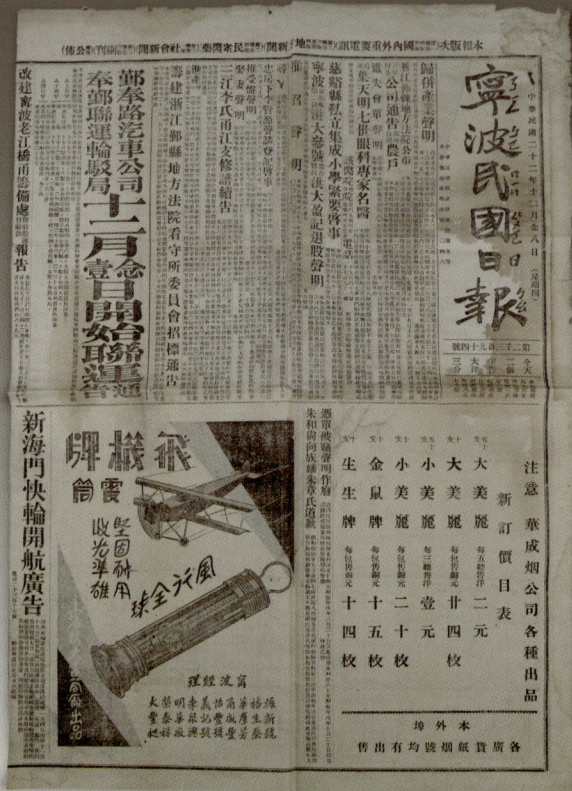

## 宁波民国日报

中华民国二十二年（1933）

长54.2厘米，宽38厘米

**"镇海私立中兴"三角形铜校徽**

中华民国（1912～1949）

边长4.1厘米，高3.6厘米

"镇海叶氏中兴"带挂链三角形铜校徽

中华民国（1912～1949）
通长9厘米，通宽3.6厘米

# "澄衷" 盾形铜校徽

中华民国（1912~1949）

通长2.2厘米，通宽2.2厘米

**澄衷中学带挂链圆形铜庭芳奖章**

中华民国（1912~1949）

通长7.2厘米，直径3.4厘米

"澄衷模范"带挂链十字形铜奖章

中华民国（1912～1949）

通长8厘米，通宽4厘米

畢業證書

學生金輔璉係浙江省鎮海縣人現年十三歲在本校高級修業期滿成績及格准予畢業此證

鎮海第一學區私立中興小學校長金賢松

中華民國二十五年七月　日

**金辅链镇海第一学区私立中兴小学毕业证书**

中华民国二十五年（1936）

长35.7厘米，宽28.2厘米

"宁波正大制造"款"民国"火花

中华民国（1912～1949）

长4.4厘米，宽3.3厘米

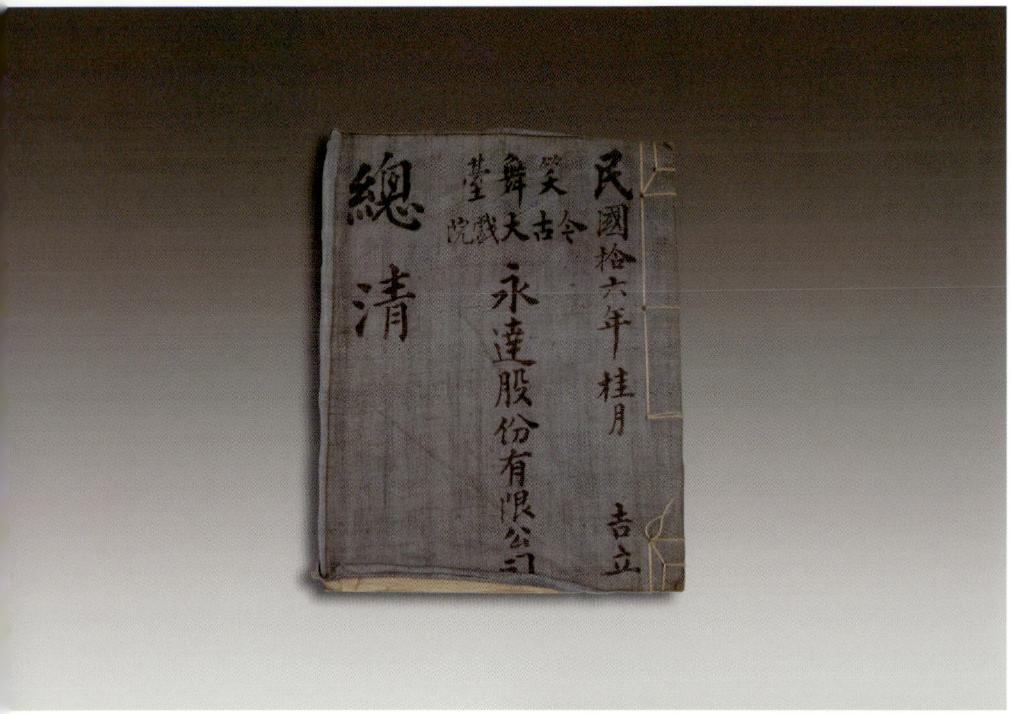

## 上海笑舞台账册

中华民国十六年（1927）

长19.5厘米，宽42.2厘米

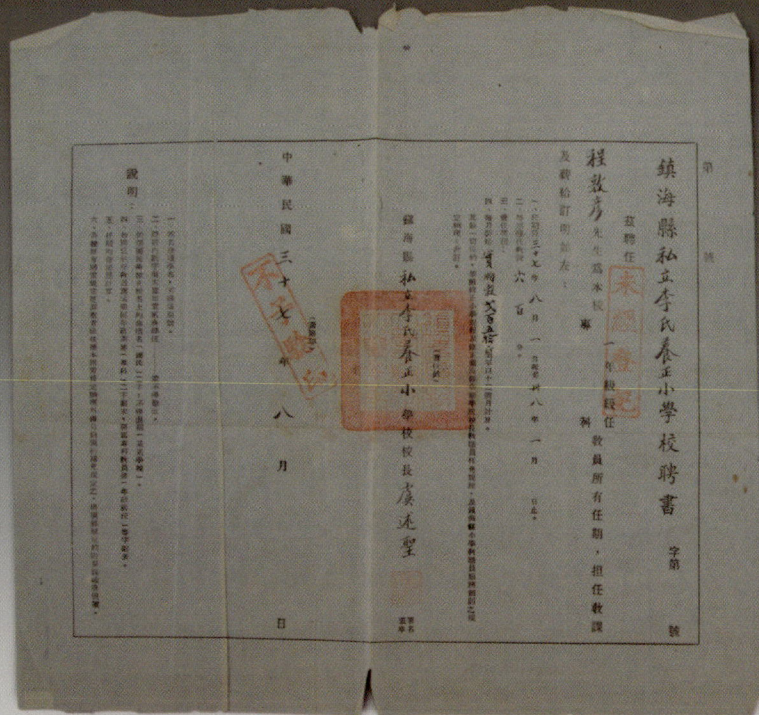

**程敦彦任镇海县私立李氏养正小学校专科教员聘书**

中华民国三十七年（1948）

长28.5厘米，宽30.8厘米

## 名人遗物

**林则徐手书石碑**

清（1616~1911）
长74厘米，宽31厘米，高10厘米

## 高振霄使用过的 "顾俊伟制" 款刻心经紫砂笔洗

清末民国
口径17厘米，底径18厘米，高11厘米

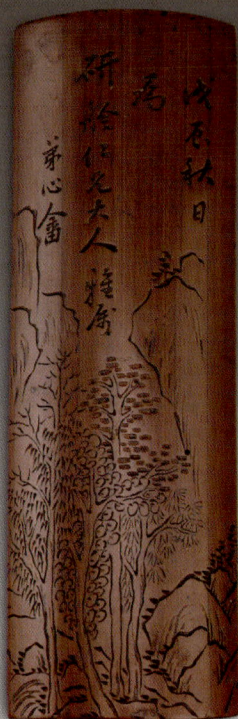

高振霄使用过的雕山水纹竹臂搁

清末民国
长24.8厘米，宽8.5厘米，高2.1厘米

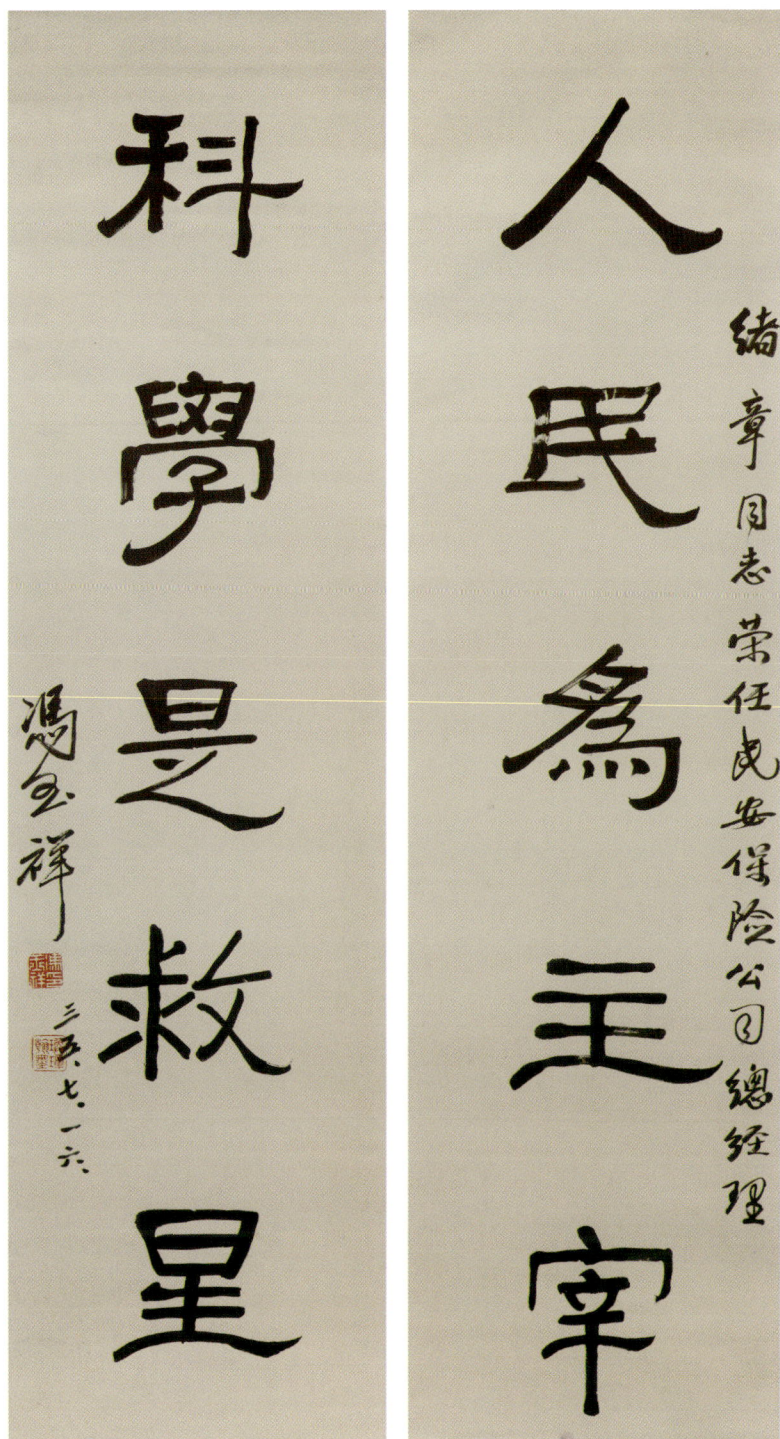

科學是救星

人民為主宰

緒章同志榮任民安保險公司總經理

馮玉祥

三五．七．一六

**冯玉祥楷书贺卢绪章任职五言对联**

中华民国三十五年（1946）

纵175厘米，横44厘米

**李光耀李蟾莘订婚证书**

中华民国三十七年（1948）

长52厘米，宽38.3厘米

# 乐 器

## 青铜钟（残）

东周（前770～前256）

通长8厘米，通宽5厘米，通高8.3厘米

### 仿竹二节组合式红木笛子

中华民国（1912～1949）

长38.5厘米，直径3厘米

# 票　据

商務印書館有限公司
霞飛路支店
上海霞飛路五〇一號
**THE COMMERCIAL PRESS, LTD.,**
*AVENUE JOFFRE BRANCH*
*501 Avenue Joffre, Shanghai*

A. J. B. A No. 097909

| 收款號數 | 貨　價 | 經手人 |
|---|---|---|

Date

| 數　量 QUANTITY | 貨　　名 PARTICULARS | 定　價 PRICE | 折扣 DISC. | 實　價 NET |
|---|---|---|---|---|

| 貨分 | 小學書 | 中學書 | 雜書 | 雜誌 | 儀器 |
|---|---|---|---|---|---|
| 價類 | 文具 | 原版西書 | 代郵雜件 | 水脚 | 郵費 |

**商务印书馆上海霞飞路支店发票**

中华民国（1912～1949）

长14.9厘米，宽18厘米

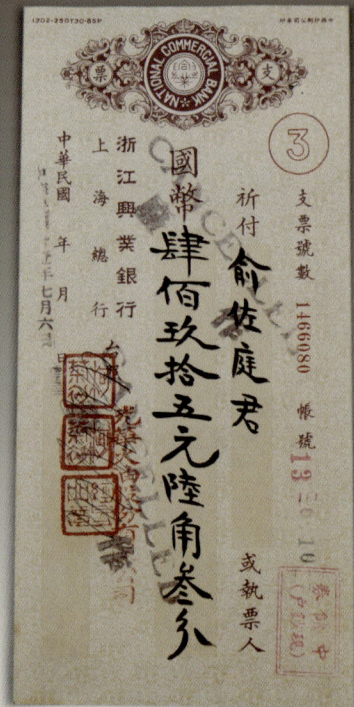

## 浙江兴业银行支票

中华民国（1912~1949）

长8.6厘米，宽17.5厘米

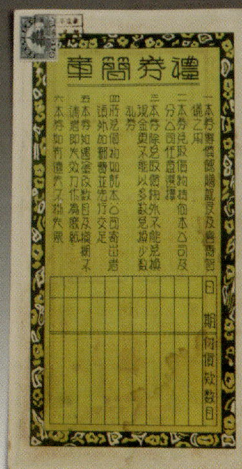

## 泰康罐头食品有限公司礼券

中华民国三十一年（1942）

长12.5厘米，宽23厘米

**交通银行美金节约建国储蓄券**

中华民国三十一年（1942）

长14.8厘米，宽10.2厘米

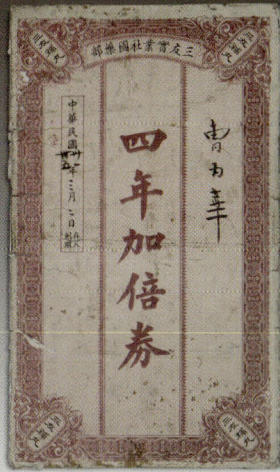

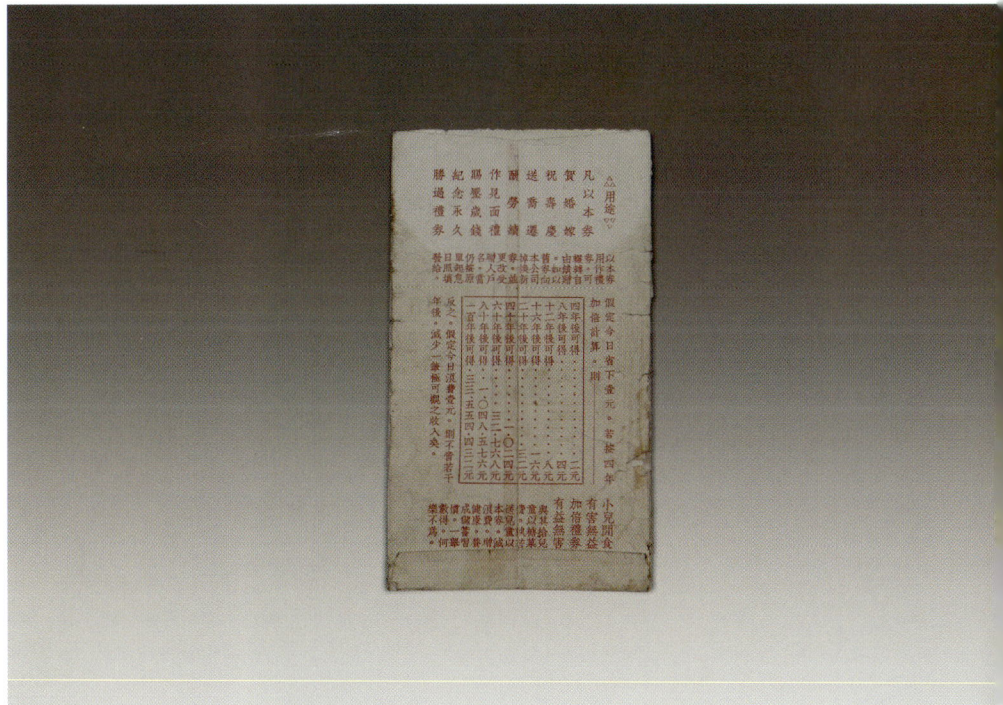

**三友实业社国药部四年加倍券**

中华民国三十一年（1942）

长11.5厘米，宽23厘米

## 华泰机器造船厂股份有限公司股票

中华民国三十二年（1943）

长26.8厘米，宽28.7厘米

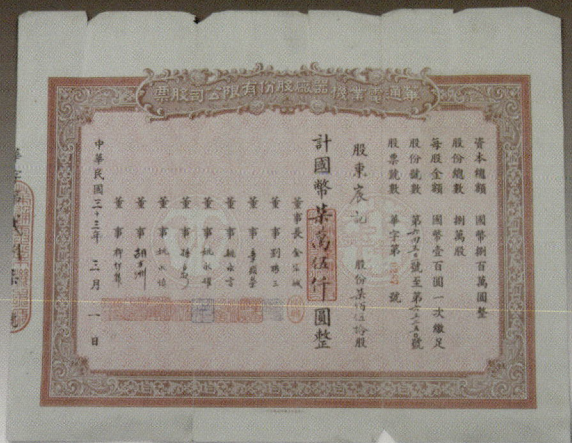

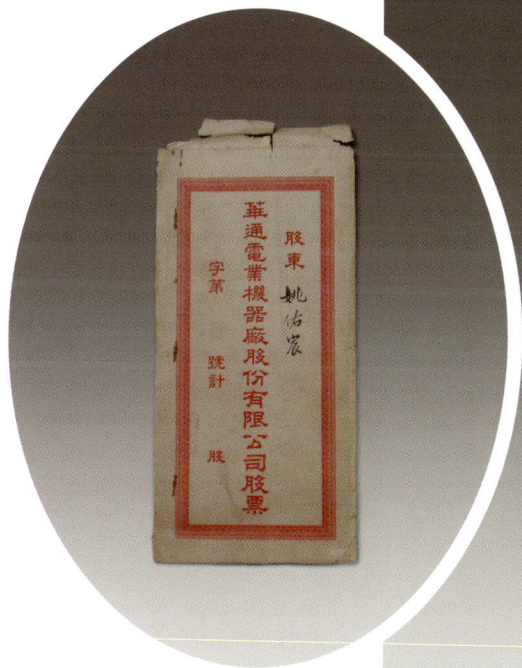

## 华通电业机器厂股份有限公司股票（附票封）

中华民国三十三年（1944）

长32.1厘米，宽24.6厘米

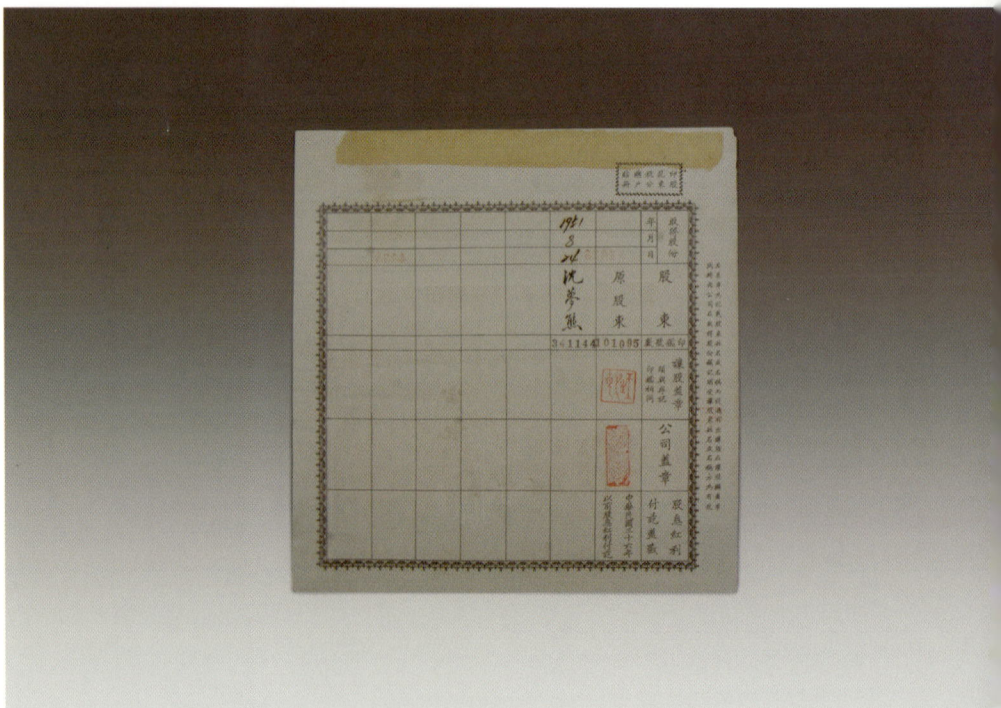

## 上海中国国货股份有限公司股票

中华民国三十八年（1949）

长19.5厘米，宽18.5厘米

# 其 他

**华生牌电风扇**

中华民国（1912～1949）

通长53厘米，通宽22厘米，通高44厘米

## 亚浦耳灯泡

中华民国（1912～1949）

直径6.5厘米，长11.5厘米

# 编后

　　历时四年的镇海区第一次全国可移动文物普查于 2016 年完美收官，现在作为普查成果之一的这套图录也与大家见面了。这次普查涉及的范围很广，覆盖镇海全区各行业系统的国有单位，因此只有全社会共襄盛举，才能将镇海区国有可移动文物的家底摸清。

　　本书的出版得到了镇海区委、区政府的高度重视，得到了区财政局、区统计局、区教育局、区民政局、庄市街道办事处、镇海中学、宁波帮博物馆、镇海口海防历史纪念馆、镇海郑氏十七房旅游景区管委会、镇海宁波帮故里旅游开发投资有限公司、镇海招宝山旅游风景区开发管理有限公司等相关部门和单位的大力支持，也得到了省、市文物部门和专家的专业指导。市"一普"办、宁波博物馆副馆长李军老师多次来回奔波，为我们遇到的难点答疑解惑，耐心而又细致，给予我们很多专业上的帮助。我们的普查队员们不辞辛劳、甘于奉献，将汗水挥洒在文物事业的第一线。在此谨致以诚挚的感谢！

　　由于时间仓促，水平有限，错误和疏漏之处在所难免，敬请各位读者谅解、指正。

编　者

二〇一八年十二月

**图书在版编目（ＣＩＰ）数据**

国藏风雅 ：镇海区第一次全国可移动文物普查成果
集粹 ：全3册 / 宁波市镇海区文物保护管理所编 . ——杭
州 ： 西泠印社出版社，2019.3
ISBN 978-7-5508-2674-8

Ⅰ．①国… Ⅱ．①宁… Ⅲ．①文物－普查－镇海区－
图录 Ⅳ．①K872.554

中国版本图书馆CIP数据核字(2019)第056121号

**国藏风雅——镇海区第一次全国可移动文物普查成果集粹（全3册）**

宁波市镇海区文物保护管理所　编

| | |
|---|---|
| **出 品 人** | 江　吟 |
| **责任编辑** | 吴心怡 |
| **责任出版** | 李　兵 |
| **责任校对** | 刘玉立 |
| **装帧设计** | 杭州天昊文化艺术有限公司 |
| **出版发行** | 西泠印社出版社 |

（杭州市西湖文化广场32号5楼　邮政编码　310014）

| | |
|---|---|
| **经　　销** | 全国新华书店 |
| **制　　版** | 杭州天昊文化艺术有限公司 |
| **印　　刷** | 浙江省良渚印刷厂 |
| **开　　本** | 889mm×1194mm　1 /16 |
| **字　　数** | 585 千 |
| **印　　张** | 58.5 |
| **印　　数** | 0001—2000 |
| **书　　号** | ISBN 978-7-5508-2674-8 |
| **版　　次** | 2019年3月第1版　第1次印刷 |
| **定　　价** | 680.00元 |

# 國藏風雅 （上冊）

镇海区第一次全国可移动文物普查成果集粹

宁波市镇海区文物保护管理所 编

西泠印社出版社

# 《国藏风雅——镇海区第一次全国可移动文物普查成果集粹》编纂委员会

顾　问：俞泉云

主　任：刘立群

副主任：阮一心　徐家明

编　委：王　辉　梁虹艳　李根员　吴　波　吴锋钢　虞永杰


主　编：吴　波

副主编：吴锋钢　李根员

编　辑：吴　波　吴锋钢　虞永杰　李根员　张敏辉　王艳波

摄　影：吴　波　李根员　丁悠初　周志忠

校　对：李根员　虞永杰　吴锋钢　张敏辉　王艳波

# *序*

2013 年，镇海区开展了第一次全国可移动文物普查。本次普查涉及的众多文物让我们能够见证辉煌灿烂的中华文明，触摸几千年来的镇海历史。它不仅是弥足珍贵的文化遗产和历久弥新的精神财富，更是开展爱国主义教育、弘扬民族精神、推进新时代中国特色社会主义事业的宝贵资源。

文物承载了镇海的灿烂文明。据最近完成的鱼山·乌龟山遗址抢救性考古发掘显示，尚在距今 6500 年之前的河姆渡文化早期，镇海的先民们就已在今天九龙湖一带繁衍生息。我们仅仅揭开遗址一角，就让世人看到整个宁波 6000 多年来的文化演进序列，了解到不同时代宁波人与海洋的关系建构，为宁绍平原古代文化的时空框架、人地关系与谱系研究提供了新的坐标。缘于此，鱼山·乌龟山遗址成为宁绍地区近 20 年来所发现的最重要史前文化遗址之一，也成为 2015 年度浙江省十大考古重要发现之一。

文物传承了镇海的历史文化。镇海是海上丝绸之路的重要港口之一。古有浃口之称，到唐元和四年（809）称望海，此后陆续改名为静海、定海，清康熙二十六年（1687）始更名为镇海。唐宋时，镇海成为明州港"第一码头"，宋代市舶司一度驻置于此。因为其地处控海咽喉，使镇海亦为历代海防重地之一。东晋称浃口戍，唐代始置望海镇，宋代驻沿海制置司，元代设千户所，明代垒筑威远城，清代驻水师，民国设镇海要塞区；中华人民共和国成立后，人民解放军驻守甬江南北，实不负"东南屏翰"之称。

文物维系了镇海的地域精神。历史上的镇海虽多兵寇掠杀之灾，但更多英勇抗争之举，尤其对外来侵略的抗击更是百折不挠。面对二百余年的倭患，名将俞大猷、卢镗、戚继光都曾驻防镇海，率军民屡屡击杀倭寇。鸦片战争期间，钦差大臣两江总督裕谦投泮池尽节，狼山镇总兵谢朝恩血战捐躯，秀才王师真驾火药舟夜袭英舰，黑水党义民游击甬江。中法镇海之役，浙江巡抚刘秉璋运筹帷幄，宁绍台道薛福成水陆联防，浙江提督欧阳利见督师金鸡山，守备吴杰炮击法舰，取得中国近代首次海岸保卫战的胜利。抗日战争十四年，爱国将士戚家山上白刃格斗，击退日军，一寸山河一寸血。"四·一九"镇海沦陷后，中国共产党组织领导抗日武装，建立抗日民主政权，发动群众，活跃敌后，连连打击日伪势力。重重的战乱苦难从来压不倒这片土地上的人民，历史上镇海人民就赢得了"劳而能思，朴不匮秀"的赞誉，涌现了包玉刚、邵逸夫等一大批商帮精英，走出了贝时璋、杨福家等 30 名镇海籍两院院士以及贺友直、陈逸飞等一大批名家大师，成就了家乡"院士之乡、商帮故里、人文梓荫"的美誉。

文物见证了镇海改革开放 40 年来的伟大成就。萧萧故垒依旧在，侵略和战乱挡不住镇海向前的步伐，1949 年 5 月镇海解放，迎来中华人民共和国的建立；1979 年之后，走上改革开放之路的镇海不断向现代化港城迈进。时至今日，镇海经济社会持续发展，人民生活更加富裕，以全市 2.5% 的土地面积，创造了全市 9% 的地区生产总值和 16% 的规模以上工业增加值，比历史上任何时刻都更加接近"港口强区、品质之城"的宏伟目标。

丰富的文物资源对于镇海来说何其幸哉，对于文物工作者来说却是更多的责任与付出。这次普查时间紧、任务重、要求高，普查队伍始终以严谨的专业精神和敬业的工作作风坚守在文物事业第一线。历时 4 年，于 2016 年完美收官。让我们欣喜的是：按照此次普查统计，我区的国有可移动文物收藏量位居宁波市各县市区前列，与这座具有厚重历史的古城相称。

镇海区第一次全国可移动文物普查工作已经圆满完成，取得丰硕成果的同时也为今后的文物事业提出了新的要求，指明了新的方向。在新时代要求下，文物工作任重而道远，只有让人民群众更充分地享受文化遗产保护成果，更广泛地参与文化遗产保护，才能真正实现文化遗产的有效保护、合理利用、传承发展，才能更加自觉、更加主动地肩负起保护民族文化遗产、推动社会主义文化繁荣兴盛的历史重任。我想，出版这套记录我区文物普查成果的图录，让国宝共享于社会，其用意也正在于此。

编者用"国藏风雅"作图录的题名，是颇费了一些心思的，大概是想借取《诗经》里采集土风歌谣的《风》和记载雅声正乐的《雅》中"民俗"和"高雅"的意蕴，来表达国藏文物雅俗兼有、全民共享的意境吧。国宝就在我们身边，让我们共同守护好我们的文化遗产，讲好镇海故事，共塑镇海形象。

中共镇海区委副书记、区长　何黎斌

二〇一九年一月

# 目　录

# 石器、石刻

石 锛

新石器时代

通长3.1厘米，通宽2厘米，厚0.5厘米

# 有段石锛

新石器时代

通长16.2厘米，通宽6.1厘米，厚2.1厘米

## 船形石犁

新石器时代

通长41厘米，通宽25.2厘米，厚1厘米

### 三角形石犁

新石器时代

通长35.6厘米，通宽22厘米，厚1.8厘米

# 单孔石刀

新石器时代

通长20厘米，通宽6.5厘米，厚0.6厘米

## 双孔石刀

新石器时代

长13厘米，宽9.5厘米，厚0.7厘米

# 石 凿

新石器时代

直径6.5厘米，长17厘米

石纺轮

新石器时代
直径3.5厘米，高1.7厘米

# 石　镞

新石器时代

通长7.4厘米，通宽2.2厘米，厚0.6厘米

石　镞

新石器时代

通长6.8厘米，通宽1.9厘米，厚0.5厘米

## 石 戈

新石器时代
通长21.3厘米，通宽5.7厘米，厚1.7厘米

## 单孔石钺

新石器时代

通长18厘米，通宽7厘米，厚1厘米

# 石　镞

春秋时代（前770～前476）

通长7.9厘米，宽3.4厘米，厚0.3厘米

砺　石

战国时代（前475～前221）

长9厘米，宽3.5厘米，高1.5厘米

## 会稽郡夏氏石墓志铭

唐（618～907）

通长51厘米，通宽48厘米，高5厘米

## 石围棋盘

唐（618～907）

长25厘米，宽25厘米，高2.6厘米

## 李仰山墓志铭

明（1368～1644）

长61厘米，宽58.5厘米，高8厘米

## 梅园石八角供桌

清（1616～1911）

桌沿边长50厘米，通宽116厘米，通高80厘米

**浮雕吉庆有余纹兽形板腿青石长凳**

清（1616～1911）
通长160厘米，通宽39厘米，通高60厘米

**如意卷草纹束腰板式三弯腿青石长凳**

清（1616～1911）

通长119厘米，通宽38厘米，通高53厘米

**■陶　器**

**夹砂黑陶釜**

新石器时代
口径17厘米，腹径24厘米，高14厘米

**陶网坠**

新石器时代
长5.2厘米，宽5厘米，高3.2厘米

**陶支座**

新石器时代
底径8.7厘米，通高15厘米

陶　釜

商（前1600～前1046）

口径22.5厘米，底径10厘米，高9.5厘米

**方格纹陶坛**

战国时代（前475～前221）
口径11.8厘米，腹径16.8厘米，底径8.8厘米，高18厘米

## 米字纹陶坛

战国时代（前475～前221）

口径17.5厘米，腹径31.6厘米，底径15厘米，高37厘米

**方格纹硬陶罐**

战国时代（前475～前221）

口径11.5厘米，腹径18.5厘米，底径12.5厘米，高9.5厘米

## 方格纹陶罐

战国时代（前475～前221）
口径10.5厘米，腹径16厘米，底径10.7厘米，高13.5厘米

### 麻布纹陶罐

战国时代（前475～前221）
口径5.9厘米，腹径8.8厘米，底径6厘米，高8厘米

**米字纹陶罐**

战国时代（前475～前221）
口径13.5厘米，腹径18.7厘米，底径9.5厘米，高9厘米

## 人面纹双耳陶瓿

西汉（前206～公元25）

口径8.8厘米，腹径23厘米，底径12.5厘米，高15.6厘米

## 陶　罐

西汉（前206～公元25）
口径13.5厘米，腹径21厘米，底径10厘米，高15厘米

## 陶　罐

东汉（25～220）

口径9厘米，腹径15.7厘米，底径8厘米，高13.2厘米

## 双系陶罐

东汉（25～220）

口径8厘米，腹径11.4厘米，底径6.9厘米，高9.2厘米

### 弦纹双系陶罐

东汉（25～220）

口径14.9厘米，腹径19.5厘米，底径9.5厘米，高16.5厘米

**水波纹双耳陶罐**

汉（前206～公元220）

口径16厘米，底径10.5厘米，高12厘米

## 弦纹双系陶罐

汉（前206～公元220）

口径10.3厘米，腹径18.1厘米，底径11.2厘米，高17厘米

**弦纹陶罐**

汉（前206～公元220）

口径10.1厘米，腹径18厘米，底径8.8厘米，高14.6厘米

## 水波纹黑陶罐

汉（前206～公元220）
口径11.5厘米，腹径19厘米，底径11.5厘米，高16.3厘米

**瓦楞紋陶罐**

漢（前206～公元220）

口徑8.5厘米，腹徑14.6厘米，底徑12.6厘米，高13.2厘米

**陶　罐**

汉（前206～公元220）

口径7厘米，腹径11.2厘米，底径4.5厘米，高6.8厘米

陶　罐

汉（前206～公元220）

口径6.4厘米，腹径7.5厘米，底径6.8厘米，高9.2厘米

## 双錾耳陶三足器

汉（前206～公元220）

口径15.2厘米，底径6.7厘米，高5.5厘米

## 陶纺轮

汉（前206～公元220）

直径5厘米，高2.4厘米

### 双系陶罐

北宋（960～1127）

口径7.5厘米，腹径8.5厘米，底径5.2厘米，高9.8厘米

陶 罐

宋（960～1279）

口径8.5厘米，底径6.2厘米，高8厘米

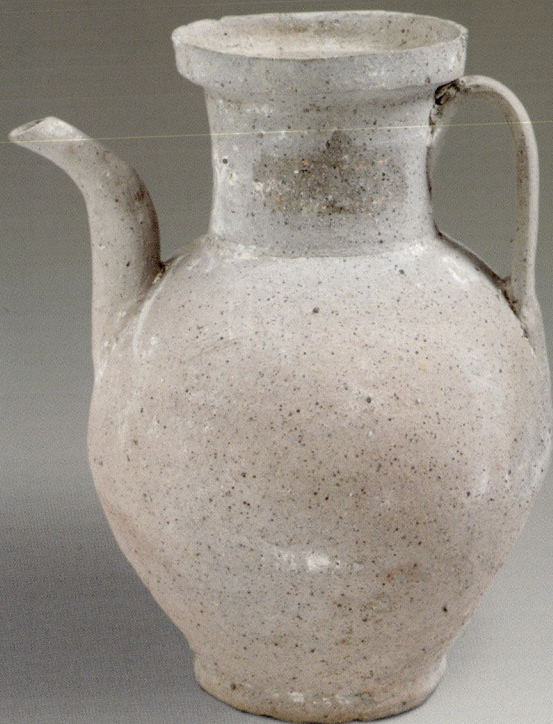

**盘口灰陶执壶**

宋（960~1279）

口径11.6厘米，腹径18.6厘米，底径10厘米，高26.4厘米

## 陶执壶

宋（960～1279）

口径7.7厘米，腹径11.9厘米，底径6.5厘米，高12.3厘米

**紫砂加彩蝴蝶莲花纹九子盘**

清（1616～1911）
圆盘：口径17厘米，底径10厘米，高2厘米
边盘：外沿长15厘米，内沿长6.8厘米，侧沿长11.5厘米，高2厘米

# 瓷　器

## 原始瓷圜底罐

商（前1600～前1046）

口径11.8厘米，腹径13.2厘米，高10.8厘米

## 弦纹原始瓷豆

周（前1046～前256）
口径10.3厘米，足径6厘米，高4厘米

## 曲折纹原始瓷盂

春秋时代（前770～前476）

口径6厘米，腹径7.8厘米，足径4.9厘米，高3.5厘米

## 原始瓷碗

春秋时代（前770～前476）

口径14厘米，底径6.6厘米，高4厘米

## 原始瓷珠

春秋时代（前770~前476）

直径3.6厘米，高2.2厘米，孔径0.7厘米

## 原始瓷碗

战国时代（前475～前221）
口径12.7厘米，底径5.7厘米，高5厘米

**原始瓷碗**

战国时代（前475~前221）

口径10.3厘米，足径5.8厘米，高5.5厘米

### 弦纹原始瓷碗

战国时代（前475～前221）
口径10.7厘米，足径6.8厘米，高4厘米

## 弦纹原始瓷碗

战国时代（前475~前221）
口径13.4厘米，足径5.3厘米，高5.4厘米

**弦纹原始瓷碗**

战国时代（前475～前221）

口径12厘米，底径5厘米，高5厘米

## 弦纹原始瓷碗

战国时代（前475～前221）

口径9.5厘米，底径4厘米，高4.7厘米

**弦纹原始瓷高足碗**

战国时代（前475～前221）
口径11厘米，足径4厘米，高5厘米

**瓦楞纹原始瓷钵**

战国时代（前475~前221）

口径10厘米，底径6.5厘米，高7.2厘米

## 瓦楞纹原始瓷钵

战国时代（前475～前221）
口径10.5厘米，底径6厘米，高6.5厘米

## 弦纹原始瓷钵

战国时代（前475～前221）

口径9.2厘米，底径5厘米，高6厘米

## 原始瓷碟

战国时代（前475～前221）
口径11.5厘米，底径5.5厘米，高3.5厘米

### 原始瓷耳杯

战国时代（前475～前221）

口径：长径11.2厘米，短径8厘米，底径：长径6.5厘米，短径5.3厘米，高3.5厘米，通宽9.2厘米

## 原始瓷杯

战国时代（前475～前221）
口径5.6厘米，足径3.7厘米，高4.9厘米

## 原始瓷杯

战国时代（前475～前221）

口径5.5厘米，底径2.8厘米，高3.1厘米

**原始瓷杯**

战国时代（前475～前221）
口径8.3厘米，底径4厘米，高8厘米

**原始瓷盖罐**

战国时代（前475~前221）

口径10厘米，底径6厘米，通高8.6厘米

# 原始瓷珠

战国时代（前475～前221）
直径4厘米，高3.4厘米

**原始瓷蓋鼎**

西漢（前206～公元25）

口徑16厘米，腹徑17厘米，底徑11厘米，通高17.5厘米

## 原始瓷盒（残）

西汉（前206～公元25）
口径17厘米，足径11.3厘米，高11厘米

## 兽面双系原始瓷瓿

西汉（前206～公元25）
口径10.7厘米，腹径28.5厘米，底径15厘米，高26.4厘米

## 弦纹人面双系原始瓷瓿

汉（前206～公元220）

口径10.5厘米，腹径29厘米，底径14厘米，高26厘米

## 叶脉纹双系原始瓷罐

西汉（前206～公元25）
口径9.5厘米，腹径14.2厘米，底径8.2厘米，高11厘米

**原始瓷罐**

西汉（前206～公元25）
口径7.4厘米，腹径8.7厘米，底径7.3厘米，高6.9厘米

## 原始瓷小罐

汉（前206～公元220）

口径2.7厘米，腹径4.4厘米，足径2.7厘米，高3.4厘米

## 水波纹双系原始瓷钟

东汉（25～220）
直径12.8厘米，腹径23.2厘米，足径12.8厘米，高31.8厘米

**弦纹双系原始瓷盘口壶**

东汉（25～220）

口径9.7厘米，腹径14厘米，底径8.5厘米，高18厘米

### 弦纹原始瓷壶

汉（前206～公元220）

口径10.5厘米，腹径30厘米，底径18厘米，高29.5厘米

### 原始瓷盆

汉（前206~公元220）
口径19厘米，底径8厘米，高9.5厘米

## 原始瓷瓶

汉（前206～公元220）
口径4.5厘米，腹径6.2厘米，底径3.2厘米，高8厘米

## 青釉水波纹四系瓷罐

汉（前206～公元220）

口径10.5厘米，腹径17.6厘米，底径10.2厘米，高13.4厘米

## 青釉双系瓷罐

东汉（25～220）
直径8.5厘米，腹径12.9厘米，底径7.2厘米，高10.2厘米

## 越窑青釉瓷井

东汉（25～220）

口径10.8厘米，腹径15.5厘米，底径11.3厘米，高14.5厘米

## 越窑青釉水波纹瓷盆

东汉（25～220）
口径17.8厘米，底径9.5厘米，高7.4厘米

**青釉瓷碗**

东汉（25～220）

口径8厘米，足径3.5厘米，高4.3厘米

## 越窑青釉瓷耳杯

三国时代（220～280）
通长11厘米，通宽8.8厘米，高3.5厘米

## 越窑青釉水波纹瓷盘

三国时代（220~280）

口径42.5厘米，底径40.5厘米，高3.5厘米

## 越窑青釉带盘瓷镳斗

三国时代（220～280）

盘口径16.5厘米，盘底径10.5厘米，镳斗口径9.3厘米，通高6.5厘米

**越窑青釉镂孔双系瓷熏炉**

三国时代（220～280）

口径10厘米，腹径18厘米，底径10.5厘米，高13厘米

**越窑青釉双系瓷罐**

三国时代（220～280）

口径10厘米，腹径18厘米，底径11厘米，高12.5厘米

## 越窑青釉瓷罐

三国时代（220～280）

口径2.2厘米，腹径5.8厘米，底径3厘米，高5厘米

**原始瓷碗**

西晋（265～317）

口径11.5厘米，底径6.5厘米，高4.2厘米

越窑青釉网格纹瓷碗

西晋（265～317）
口径16厘米，底径8厘米，高6厘米

**青釉瓷碗**

西晋（265～317）

口径8.4厘米，底径4.5厘米，高3.2厘米

青釉瓷碗

晋（265～420）

口径8厘米，足径5.2厘米，高3.3厘米

## 越窑青釉瓷碗

东晋（317～420）
口径8.6厘米，底径4.8厘米，高4.5厘米

## 越窑青釉点褐彩瓷碗

东晋（317～420）

口径16厘米，底径9厘米，高6.5厘米

### 越窑青釉弦纹瓷碗

东晋（317～420）
口径19厘米，底径10.2厘米，高7厘米

### 越窯青釉弦紋瓷碗

东晋（317~420）

口径16厘米，底径9厘米，高7厘米

**越窑青釉瓷钵**

东晋（317～420）

口径12.5厘米，底径7.5厘米，高6.2厘米

## 越窑青釉瓷钵

东晋（317~420）

口径14厘米，足径8.5厘米，高7厘米

## 越窑青釉弦纹瓷盘

西晋（265～317）

口径13.2厘米，底径9.2厘米，高2.8厘米

## 越窑青釉瓷盘

东晋（317～420）

口径11.5厘米，底径8.9厘米，高2.5厘米

### 越窑青釉瓷罐

西晋（265～317）

口径5.3厘米，腹径6.5厘米，底径3.2厘米，高3.5厘米

**越窑青釉双系瓷罐**

晋（265～420）

口径1.6厘米，腹径5.2厘米，底径2.5厘米，高4.1厘米

### 越窑青釉瓷罐

东晋（317～420）

口径5.3厘米，腹径7.5厘米，底径4.7厘米，高7厘米

青釉点褐彩弦纹四系瓷罐

东晋（317～420）

口径9.5厘米，腹径14.5厘米，底径7厘米，高12.3厘米

## 越窑青釉镂孔双系瓷熏炉

西晋（265～317）
口径14.5厘米，腹径22厘米，底径9厘米，高16厘米

**褐釉瓷灶头釜**

西晋（265～317）

口径5.2厘米，腹径8.3厘米，底径4.5厘米，高4.3厘米

### 越窑青釉瓷碗

南朝（420～589）

口径9.4厘米，足径5厘米，高5厘米

## 越窑青釉瓷碗

南朝（420～589）

口径9厘米，足径5.2厘米，高4.6厘米

**越窑青釉瓷碗**

南朝（420～589）

口径12.5厘米，底径5厘米，高4.6厘米

## 越窑青釉瓷盏

南朝（420～589）

口径7.8厘米，足径3.8厘米，高4.0厘米

**越窑青釉双系瓷盘口壶**

唐（618～907）

口径14.2厘米，腹径19.8厘米，底径10厘米，高25.1厘米

## 越窑青釉瓷瓯

唐（618～907）

口径14.8厘米，足径6厘米，高4厘米

**越窑青釉瓷碗**

唐（618～907）
口径13.2厘米，底径7厘米，高4.5厘米

越窑青釉瓷碗

唐（618～907）
口径19.5厘米，底径10厘米，高6.5厘米

### 越窑青釉弦纹瓷碗

唐（618～907）
口径25.4厘米，底径10厘米，高9.5厘米

**长沙窑釉下彩瓷粉盒**

唐（618~907）

口径9厘米，底径9.6厘米，高6.8厘米

**越窑青釉瓷粉盒**

唐（618～907）

口径7.5厘米，底径4.5厘米，高5厘米

## 越窯青釉劃花花卉紋瓷粉盒

唐（618～907）

口徑5.5厘米，底徑4.5厘米，高3.2厘米

### 越窑青釉瓷油盒（残）

唐（618~907）
口径4厘米，腹径10厘米，足径7厘米，高5.2厘米

**越窑青釉四系瓷罐**

唐（618～907）

口径10.5厘米，腹径16厘米，底径8厘米，高20厘米

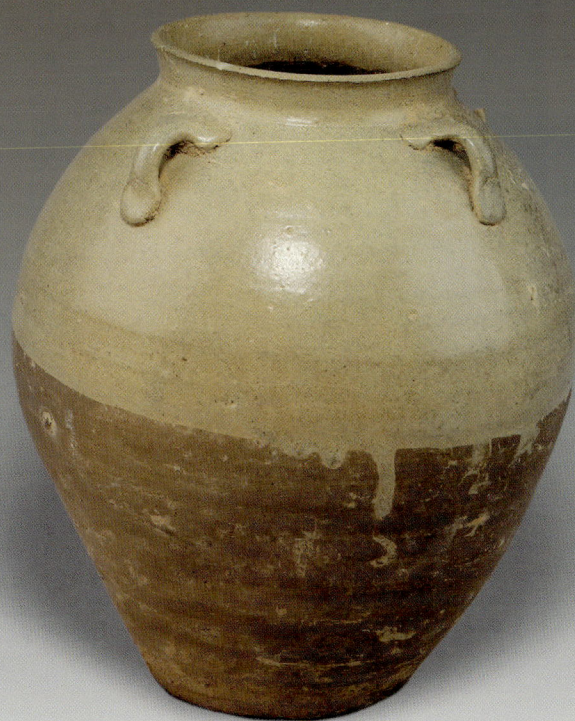

**越窑青釉四系瓷罐**

唐（618～907）

口径10.5厘米，腹径20.4厘米，底径9.2厘米，高23.4厘米

**越窯青釉四系瓷罐**

唐（618～907）

口徑9厘米，腹徑14厘米，底徑9厘米，高19厘米

越窑青釉双系瓷罐

唐（618～907）

口径13厘米，腹径14厘米，底径7.8厘米，高18厘米

青釉瓷灯盏

唐（618～907）

口径12.9厘米，足径6.1厘米，高3.6厘米

## 越窑青釉瓷葫芦瓶

唐（618～907）

口径1.1厘米，小腹径3.2厘米，大腹径7.1厘米，底径4厘米，高8.6厘米

**越窑青釉瓷粉盒**

五代十国（907～979）
口径8.5厘米，底径4.7厘米，高5厘米

## 越窑青釉瓜棱纹瓷罐

五代十国（907～979）

口径5.5厘米，腹径7.5厘米，底径3.6厘米，高5.8厘米

**越窑青釉瓜棱纹瓷罐**

五代十国（907～979）

口径4厘米，腹径8厘米，底径4.4厘米，高6.2厘米

### 青釉瓷碗

北宋（960～1127）

口径16.4厘米，足径6.6厘米，高5.8厘米

**青釉瓷碗**

北宋（960~1127）

口径16厘米，足径5.6厘米，高6厘米

## 越窑青釉瓷碗

北宋（960～1127）

口径18厘米，足径6.1厘米，高6厘米

越窑青釉瓷碗

北宋（960～1127）

口径12.8厘米，足径6厘米，高4.5厘米

**越窑青釉瓷碗**

北宋（960～1127）

口径13.1厘米，足径5.6厘米，高5.3厘米

## 越窑青釉瓷碗

北宋（960～1127）

口径18厘米，足径8厘米，高6.2厘米

## 越窑青釉瓷碗

宋（960～1279）

口径8.7厘米，足径4厘米，高4.3厘米

**越窯青釉瓷碗**

宋（960～1279）

口徑12厘米，足徑5厘米，高4.4厘米

**湖田窑青白釉篦纹瓷碗**

北宋（960～1127）

口径17厘米，足径5.1厘米，高5.8厘米

**青白釉水波紋瓷碗**

北宋（960～1127）
口徑12.5厘米，足徑6.5厘米，高5.8厘米

**青白釉刻花瓷碗**

北宋（960～1127）

口径16.5厘米，足径6厘米，高6.5厘米

## 青白釉葵口瓷碗

北宋（960～1127）

口径16.5厘米，足径6厘米，高5.9厘米

## 青白釉瓷碗

北宋（960～1127）

口径16.2厘米，足径6厘米，高6厘米

青白釉芒口瓷碗

北宋（960～1127）
口径16.2厘米，足径5.5厘米，高5.2厘米

**青白釉瓷碗**

宋（960～1279）
口径12厘米，足径4厘米，高4.2厘米

## 白釉划花花卉纹芒口瓷碗

北宋（960～1127）

口径18厘米，足径5.3厘米，高5.5厘米

## 青白釉芒口瓷盘

北宋（960～1127）
口径14.3厘米，足径4.6厘米，高3.2厘米

**越窑青釉花卉纹瓷粉盒**

北宋（960～1127）

口径10厘米，足径7.1厘米，高5.5厘米

## 越窑青釉花鸟纹瓷粉盒

北宋（960～1127）

口径7厘米，足径5.2厘米，高5厘米

### 越窑青釉花鸟纹瓷粉盒

北宋（960～1127）

口径9.1厘米，底径4.3厘米，高4.6厘米

### 越窑青釉折枝花卉纹瓷粉盒

北宋（960～1127）

口径8.9厘米，底径3.9厘米，高3.6厘米

越窑青釉莲瓣纹瓷粉盒

北宋（960～1127）

口径8.9厘米，底径5.1厘米，高7.2厘米

### 景德镇窑青白釉瓷菊瓣盒

北宋（960～1127）

口径7.2厘米，底径6.5厘米，高3.8厘米

### 越窑青釉开光花卉纹瓷罐

北宋（960～1127）

口径5.8厘米，腹径10.2厘米，足径5.9厘米，高7.7厘米

**青白釉瓷罐**

北宋（960～1127）
口径5.3厘米，腹径7.2厘米，足径4.3厘米，高7.5厘米

### 青白釉瓷罐

宋（960～1279）

口径4.5厘米，腹径6.1厘米，底径4.5厘米，高5厘米

160

**青白釉瓷盖罐**

宋（960～1279）

口径6.3厘米，底径6厘米，高8厘米

**青釉瓷盖罐**

宋（960～1279）

口径6.3厘米，底径6厘米，高8厘米

**青釉四系瓷罐**

宋（960～1279）

口径9.5厘米，腹径17厘米，底径9.5厘米，高23厘米

**青釉瓷罐**

宋（960～1279）

口径8.5厘米，腹径12.2厘米，底径11.8厘米，高15.1厘米

## 青白釉刻花花卉纹瓷执壶

北宋（960～1127）

口径4.6厘米，腹径8.4厘米，足径4.6厘米，高15.6厘米，通宽10.3厘米

**青釉双系瓷执壶**

宋（960～1279）

口径6.2厘米，腹径15.4厘米，底径10厘米，高17.5厘米

**青釉瓷豆**

宋（960～1279）

口径13.2厘米，足径9.5厘米，高9.5厘米

### 黑釉瓷玉壺春瓶

宋（960～1279）

口径5.7厘米，腹径12.5厘米，足径8.4厘米，高16.2厘米

## 越窑青釉瓷魂瓶

宋（960～1279）

口径5.5厘米，腹径9.8厘米，足径7厘米，高30.5厘米

## 黑釉瓷瓶

南宋（1127～1279）

口径8.5厘米，腹径13厘米，底径7.8厘米，高16.8厘米

**青釉瓷韩瓶**

南宋（1127～1279）

口径8.5厘米，腹径14厘米，底径8厘米，高26厘米

**酱釉瓷梅瓶**

南宋（1127～1279）
口径5.2厘米，腹径14.5厘米，高24.5厘米

**青白釉瓷碗**

元（1206～1368）

口径16.2厘米，足径6.7厘米，高7.8厘米

青釉瓷碗

元（1206～1368）
口径16.2厘米，足径6厘米，高7.5厘米

**青釉印菱花纹瓷碗**

元（1206～1368）

口径16.2厘米，足径5.8厘米，高7厘米

## 白釉弦纹瓷瓶

元（1206～1368）

口径7.8厘米，腹径13.8厘米，底径6.5厘米，高17.3厘米

**青花花卉纹瓷碗**

明（1368～1644）

口径13厘米，足径6厘米，高5厘米

## 青花山水纹瓷碗

明（1368～1644）

口径12厘米，足径6.5厘米，高5.8厘米

## 青花云草纹瓷碗

明（1368～1644）
口径14.5厘米，足径5.8厘米，高5.8厘米

德化窑白釉堆贴梅花纹八角瓷杯

明（1368～1644）
口径8.7厘米，底通长7.7厘米，高5.5厘米

**德化窑白釉瓷梅椿杯**

明（1368～1644）

口径：长径8.7厘米，短径7厘米，底径：长径4.5厘米，短径3.5厘米，高5.8厘米

**德化窑白釉堆贴松梅瑞兽纹瓷马蹄杯**

明（1368～1644）

口径：长径13厘米，短径10厘米，底径：长径4.6厘米，短径4.3厘米，高7厘米

**青花花卉纹瓷盘**

明（1368～1644）

口径18厘米，足径10厘米，高4厘米

## 青花花卉人物纹瓷酒壶

明（1368～1644）

口径4厘米，底径8厘米，通高15厘米

## 青花折枝花卉纹小瓷罐

明（1368～1644）
口径5厘米，腹径9厘米，底径6.3厘米，高10.5厘米

**景德镇窑青花花卉纹瓷炉**

明（1368～1644）
口径9.2厘米，腹径9.3厘米，足径6.1厘米，高5.4厘米

**景德镇窑青花人物山水纹三足瓷炉**

明（1368～1644）
口径15.4厘米，底径13厘米，高10.5厘米

德化窯白釉三足瓷爐

明（1368~1644）

口徑10.9厘米，高8厘米

## 龙泉窑青釉兽形瓷炉（残）

明（1368～1644）

口径8.2厘米，通宽12厘米，高9厘米

**龙泉窑青釉双耳三足瓷炉**

明（1368～1644）
口径9.3厘米，腹径12厘米，高8厘米

**龙泉窑青釉八卦纹瓷奁式炉**

明（1368～1644）

口径13.2厘米，底径11.8厘米，高10厘米

**龙泉窑青釉竹节纹瓷奁式炉**

明（1368～1644）

口径11.5厘米，底径9.2厘米，高7.5厘米

## 龙泉窑青釉三足瓷炉

明（1368～1644）
口径11厘米，腹径13.4厘米，高5.6厘米

**德化窑白釉狮耳瓷簋式炉**

清（1616～1911）

口径11.5厘米，腹径13厘米，足径8.1厘米，高6.1厘米

**景德镇窑松绿地粉彩花卉纹花口瓷供碗**

清（1616～1911）

口径10厘米，足径4.5厘米，高4.5厘米

**景德鎮窯胭脂紅釉粉彩開光花果紋瓷碗**

清（1616～1911）
口徑15厘米，足徑3.6厘米，高6厘米

**景德镇窑粉彩皮球花纹六角瓷供盘**

清（1616～1911）
口径16厘米，足径10厘米，高2.5厘米

景德镇窑松绿地粉彩花卉纹海棠口瓷供盘

清（1616～1911）

口径11.5厘米，足径6厘米，高3.5厘米

## 景德镇窑胭脂红釉粉彩开光花果纹瓷盘

清（1616～1911）
口径19厘米，足径14.7厘米，高3厘米

**青花双龙纹瓷盘**

清 雍正（1723~1736）

口径27.9厘米，足径17厘米，高5厘米

**青釉拱花灵芝蟠龙纹瓷盘**

清 乾隆（1736～1796）

口径41.3厘米，足径20.5厘米，高6厘米

豆青釉青花山水纹花口瓷盘

清 乾隆（1736～1796）

口径28.3厘米，足径14.2厘米，高4.2厘米

**豆青釉青花五蝠捧寿纹花口瓷盘**

清 乾隆（1736～1796）
口径29厘米，足径15厘米，高4.5厘米

**祭藍釉五彩高足瓷盤**

清 乾隆（1736～1796）

口径18.6厘米，足径10.2厘米，高7厘米

### 景德镇窑洒蓝釉描金火龙纹瓷盘

清 乾隆（1736～1796）
口径15.3厘米，足径8.5厘米，高2.8厘米

**景德鎮窑粉彩大理石纹瓷盘**

清 乾隆（1736～1796）

口径15.3厘米，足径8.5厘米，高2.5厘米

**景德镇窑珊瑚红釉描金开光粉彩山水纹瓷盘**

清 乾隆（1736～1796）
口径15厘米，足径8.5厘米，高2.5厘米

**刻唐草纹绿釉地粉彩花卉纹瓷盘**

清 乾隆（1736~1796）
口径15厘米，足径8厘米，高2.3厘米

## 刻唐草纹蓝釉地皮球花纹瓷盘

清 乾隆（1736~1796）
口径15.2厘米，足径8.5厘米，高2.8厘米

### 景德镇窑松绿釉开光竹枝纹瓷盘

清 乾隆（1736～1796）

口径15厘米，足径8.5厘米，高2.8厘米

### 景德镇窑黄地粉彩花卉纹花口瓷供盘

清 光绪（1875～1909）
口径19厘米，足径11.5厘米，高4.5厘米

**哥釉螭耳瓷盘口瓶**

清 雍正（1723～1736）

口径19厘米，腹径23厘米，足径16.5厘米，高39.5厘米

## 豆青釉青花夔龙四蝠捧寿纹双龙耳瓷瓶

清 乾隆（1736～1796）

口径19.5厘米，腹径23厘米，足径16.3厘米，高46.5厘米

## 豆青釉青花八宝团花纹瓷瓶

清 乾隆（1736～1796）

口径13.5厘米，腹径20厘米，底径14厘米，高35.5厘米

**淡蓝釉白菊花纹瓷瓶**

清 乾隆（1736～1796）

口径7厘米，腹径12.5厘米，足径7厘米，高18.3厘米

**窑变釉瓷瓶**

清 乾隆（1736～1796）

口径13厘米，腹径23厘米，足径13.2厘米，高31.5厘米

景德镇窑黄釉粉彩开光花鸟纹双耳瓷瓶

清 光绪（1875～1909）

口径17.5厘米，腹径20厘米，底径14厘米，高44厘米

祭蓝釉描金团花纹瓷赏瓶

清 光绪（1875～1909）

口径10厘米，腹径20厘米，足径12厘米，高40厘米

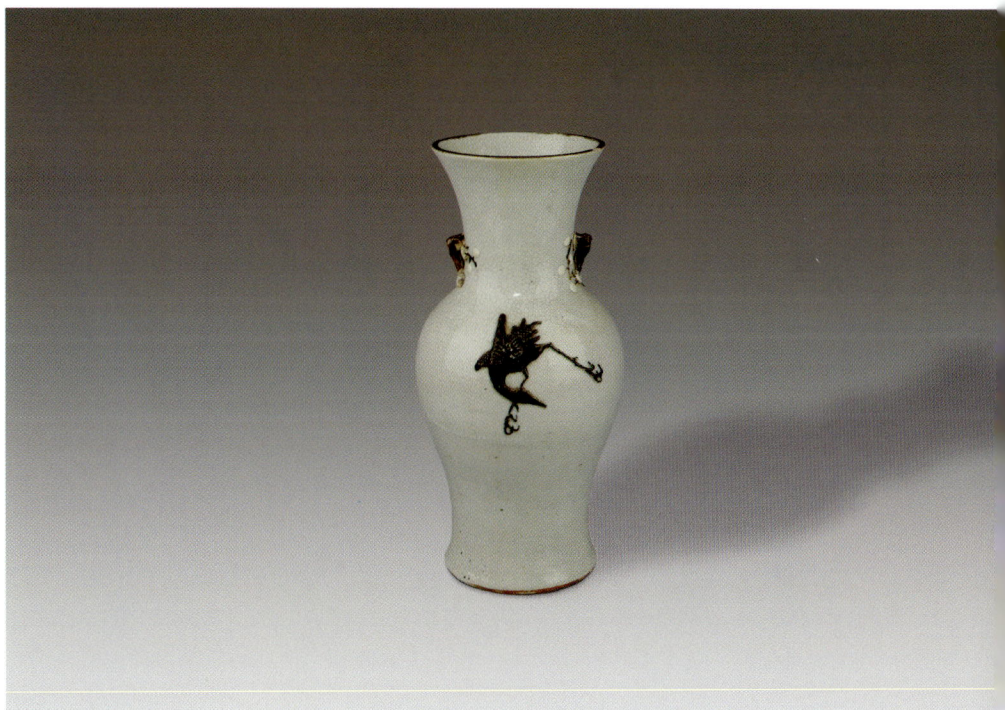

**哥釉堆贴酱釉双龙戏珠飞鹤纹双耳瓷瓶**

清（1616～1911）
口径17厘米，腹径21厘米，底径16厘米，高43厘米

**景德镇窑粉彩开光婴戏纹双耳瓷瓶**

清（1616～1911）

口径18厘米，腹径26厘米，足径16厘米，高58厘米

**景德镇窑豆青釉青花富贵有鱼纹双耳瓷瓶**

清（1616～1911）
口径16厘米，腹径20厘米，足径13厘米，高42.5厘米

### 景德镇窑五彩开光麒麟花卉纹瓷盖罐

清 康熙（1662～1723）

口径10.5厘米，腹径28.5厘米，底径16.5厘米，通高40厘米

**五彩双狮缠枝牡丹纹瓷罐**

清（1616～1911）
口径5厘米，腹径9厘米，底径6厘米，高11.5厘米

**豆青釉青花釉里红桃形瓷倒灌壶**

清 乾隆（1736~1796）

腹径13厘米，足径8.5厘米，高16厘米

**青釉暗刻夔龙纹双铺首衔环耳瓷尊**

清（1616～1911）

口径12.5厘米，腹径24厘米，足径15.5厘米，高32.5厘米

### 景德镇窑霁蓝釉瓷鹿尊

清 光绪（1875～1909）

口径19.5厘米，腹径38厘米，足径25厘米，高48.5厘米

**青花云龙纹瓷缸**

清（1616～1911）

口径13.1厘米，腹径13.7厘米，底径11厘米，高10.9厘米

227

青花花卉纹瓷帽筒

清（1616~1911）

口径7.7厘米，高16厘米

## 景德镇窑青花竹石花草纹瓷觚

清 康熙（1662～1723）

口径19.5厘米，腹径12厘米，底径15.5厘米，高40.5厘米

## 景德镇窑青花缠枝花卉纹瓷茶船

清 乾隆（1736～1796）

口长14.5厘米，口宽8厘米，底长8厘米，底宽5.7厘米，高3.7厘米

## 粉彩开光花鸟纹瓷唾盂

清 同治（1862～1875）

口径21.5厘米，腹径19厘米，底径16.5厘米，高31厘米

**青花瓷碗**

中华民国（1912～1949）

口径13.8厘米，足径5.6厘米，高5.8厘米

# 描彩八卦纹八角瓷碗

中华民国（1912～1949）

口径19厘米，足径11厘米，高6厘米

## 浅绛彩山水人物纹瓷九子盘（附红木匣）

中华民国（1912～1949）

通长28厘米，通宽28厘米，高5厘米

**米黄地描金开光粉彩花鸟纹瓷对枕**

中华民国（1912～1949）
长12厘米，宽12厘米，高6厘米

## 日本描金加彩菊花纹嵌玻璃珠瓷酒杯

公元20世纪
口径5.5厘米，足径2.3厘米，高3.3厘米

# 铜　器

**青铜耨**

周（前1046～前256）

长16.5厘米，通宽16.4厘米，通高0.7厘米

### 青铜凿

东周（前770~前256）

长13.5厘米，通宽6.5厘米，通高3.5厘米

**海浪纹青铜带扣**

春秋时代（前770～前476）

长7.9厘米，宽4厘米，高0.2厘米

## 青铜削刀（残）

春秋时代（前770～前476）

通长22.2厘米，通宽3厘米，厚0.4厘米

## 双孔青铜铚（残）

春秋时代（前770～前476）
通长7.5厘米，通宽4.1厘米，厚0.1厘米

## 青铜羽觞

汉（前206～公元220）

口径：长径9.6厘米，短径5.4厘米，底径：长径5.8厘米，短径3.2厘米，高2.7厘米

## 三角缘龙虎纹铜镜

三国时代（220～280）

直径9.4厘米，厚0.8厘米

**神人神兽纹铜镜**

晋（265～420）

直径8.8厘米，厚0.3厘米

## "湖州石家炼铜照子" 铭葵花形铜镜

宋（960～1279）

直径17.5厘米，厚0.4厘米

## "饶州周五家"铭葵花形铜镜

宋（960～1279）

直径13.7厘米，厚0.5厘米

## 双龙戏珠纹葵花形铜镜

宋（960～1279）

直径16厘米，厚0.7厘米

**双龙戏珠纹菱花形铜镜**

宋（960~1279）

直径16.2厘米，厚0.3厘米

**盘龙纹菱花形铜镜**

宋（960～1279）

直径15.5厘米，厚0.6厘米

## 花卉纹正方形铜镜

宋（960～1279）

长9.4厘米，宽9.4厘米，厚0.3厘米

**铭文双凤纹长方形铜镜**

宋（960～1279）

长14.8厘米，宽10.1厘米，厚0.6厘米

**仿汉东王公西王母铜镜**

明（1368~1644）

直径15.3厘米，厚0.8厘米

## 仿汉铜镜

明（1368～1644）

直径9.8厘米，厚0.3厘米

**仿汉昭明铜镜**

明（1368～1644）

直径8.6厘米，厚0.5厘米

## "马家自造"铭铜镜

明（1368～1644）

直径12.8厘米，厚0.3厘米

## "薛怀泉造" 铭铜镜

明（1368～1644）

直径13厘米，厚0.4厘米

## "薛思溪造"铭铜镜

明（1368～1644）

直径7.9厘米，厚0.3厘米

## 明五子登科铜镜

明（1368～1644）

直径12.9厘米，厚0.5厘米

### 人物楼阁多宝纹铜镜

明（1368~1644）

直径10.3厘米，厚0.8厘米

**葡萄海兽纹铜镜**

明（1368～1644）

直径9.3厘米，厚0.9厘米

**虎纹铜扁瓶**

明（1368～1644）

口径：长径3.3厘米，短径3.1厘米，腹径5.3厘米，足径：长径3.5厘米，短径3.1厘米，高12.5厘米

## 开光缠枝莲纹兽耳铜瓶

明（1368～1644）

口径2.2厘米，腹径3.6厘米，足径2.7厘米，通宽4.9厘米，高10.4厘米

### 盘螭纹铜蒜头瓶

明（1368～1644）

口径1.6厘米，腹径5.5厘米，足径3.9厘米，高14.2厘米

### 错银开光亭阁纹铜扁瓶

明（1368～1644）

口径1.8厘米，足径：长径4.4厘米，短径3.7厘米，高12.5厘米

## "王"字云雷兽面纹铜钮钟

明（1368～1644）

口径12.9厘米，高16.3厘米

**联珠弦纹铜钮钟**

明（1368~1644）

口径9.1厘米，高12.5厘米

# 象首双耳三足铜炉

明（1368～1644）

口径10.2厘米，通宽14.1厘米，高10.5厘米

**宣德款夔龙纹龙耳铜簋式炉**

清（1616～1911）

口径9.5厘米，腹径10.1厘米，足径8.1厘米，通宽12.1厘米，高6.4厘米

## 宣德款狮形钮盖铜簋式炉

清（1616～1911）

口径7.8厘米，腹径9厘米，足径6.7厘米，通宽12.1厘米，通高15.4厘米

## 宣德款戟耳铜簋式炉

清（1616～1911）

口径11.5厘米，足径8.7厘米，通宽15.5厘米，高6.9厘米

### 宣德款狮耳铜簋式炉

清（1616～1911）

口径12.8厘米，腹径13厘米，足径9.5厘米，通宽14.9厘米，高5厘米

### 宣德款蚰龙耳铜簋式炉

清（1616～1911）

口径12.2厘米，腹径14.3厘米，足径11厘米，通宽17.5厘米，高6.5厘米

**宣德款蚰龙耳铜簋式炉**

清（1616～1911）

口径11.2厘米，腹径13.6厘米，足径11厘米，通宽16厘米，高7厘米

宣德款桥耳三乳足铜炉

清（1616～1911）

口径13.5厘米，通宽15.8厘米，高12.1厘米

**宣德款冲耳三足铜炉**

清（1616～1911）
口径9.1厘米，腹径10厘米，高7.3厘米

## 宣德款狮耳鼓式三足铜炉

清（1616～1911）

口径13.5厘米，腹径14.3厘米，底径12.6厘米，通宽16厘米，高6厘米

**宣德款双耳三足铜炉**

清（1616～1911）
口径8.6厘米，腹径9.8厘米，通宽12.5厘米，高5.7厘米

## 宣德款弧耳三足铜炉

清（1616～1911）

口径10.7厘米，腹径12.8厘米，通宽15厘米，高10.6厘米

**"宣德御赏"款桥耳三足铜炉**

清（1616～1911）

口径16厘米，腹径17.2厘米，通宽17.9厘米，高11.6厘米

"石叟"款错银卷云纹铜鼎式炉

清（1616~1911）
口径6.6厘米，腹径7.3厘米，高11.6厘米

## "永存珍玩"款三足铜炉

清（1616～1911）

口径9.8厘米，腹径11.3厘米，高6厘米

**夔龙纹双耳出棱铜方鼎式炉**

清（1616～1911）

通长15.4厘米，通宽9厘米，高20.4厘米

**鹿鹤同春八卦纹铜奁式炉**

清（1616～1911）

口径9.6厘米，底径9.3厘米，高8厘米

## 直棱纹双耳三足铜炉

清（1616～1911）

口径10.8厘米，腹径12.6厘米，通宽15.5厘米，高9.5厘米

# 铜鼎式炉

清（1616～1911）

口径9.1厘米，腹径9.3厘米，通宽14厘米，高13.3厘米

开光牡丹纹狮耳三足铜炉

清（1616～1911）
口径8厘米，腹径9.1厘米，通宽10.4厘米，高7.5厘米

**鎏金开光花鸟纹狮钮镂花盖三足铜熏炉**

清（1616～1911）
口径8厘米，腹径9.1厘米，通宽11.2厘米，通高12.7厘米

**"湖州薛造"铭带柄铜镜**

清（1616～1911）

直径15.5厘米，通长26.2厘米，厚0.3厘米

## 弦纹铜瓶

清（1616～1911）
口径4.2厘米，腹径5.4厘米，足径6.1厘米，高12.1厘米

# 铜　瓶

清（1616～1911）

口径3.2厘米，腹径6.4厘米，足径5.8厘米，高14.2厘米

**四喜童子铜摆件**

清（1616～1911）
通长5.9厘米，通宽5.4厘米，高2.2厘米

**铜熨斗**

清末民国

通长30厘米，通宽13厘米，通高9.5厘米

## "钱天成定"款双喜网格纹皮套铜水烟斗

中华民国（1912～1949）

通长7.1厘米，通宽3.6厘米，通高29厘米

## "王氏同宗永绥会" 款消防铜水龙

中华民国（1912~1949）

通长160厘米，通宽51.2厘米，通高114.2厘米

# 银　器

**"宝成记上"款錾花卉纹枝叶钮银盒**

中华民国（1912～1949）

口径6.4厘米，底径3.8厘米，通高4.3厘米

**錾麻地梅兰竹纹圆钮银盖碗**

中华民国（1912～1949）
口径8.5厘米，底径4.5厘米，通高7.4厘米

# 铁器、其他金属器

带柄铁锅（残）

南宋（1127～1279）

口径25厘米，高10.5厘米，柄长6厘米

## 烧炭铁熨斗

中华民国（1912~1949）

通长20厘米，通宽9.5厘米，高20.5厘米

**铁熨斗**

中华民国（1912～1949）

通长15厘米，通宽10厘米，高11.5厘米

## 华成烟草出品的美丽牌香烟铁盒

中华民国（1912~1949）

直径6.5厘米，通高8厘米

## 錾菊花纹六角锡盖罐

中华民国（1912～1949）

通长13厘米，通宽13厘米，通高18厘米

# 國藏風雅（中册）

镇海区第一次全国可移动文物普查成果集粹

宁波市镇海区文物保护管理所 编

西泠印社出版社

# 目录

## 钱 币

| | |
|---|---|
| 124 / "乾隆通宝"背"宝浙"铜钱 | 171 / "光绪通宝"背"宝东"铜钱 |
| 125 / "乾隆通宝"背"宝直"铜钱 | 172 / "光绪通宝"背"宝福"铜钱 |
| 126 / "嘉庆通宝"背"宝源"铜钱 | 173 / "光绪通宝"背"宝广"铜钱 |
| 127 / "嘉庆通宝"背"宝泉"铜钱 | 174 / "光绪通宝"背"宝河"铜钱 |
| 128 / "嘉庆通宝"背"宝昌"铜钱 | 175 / "光绪通宝"背"宝湖"铜钱 |
| 129 / "嘉庆通宝"背"宝川"铜钱 | 176 / "光绪通宝"背"宝津"铜钱 |
| 130 / "嘉庆通宝"背"宝东"铜钱 | 177 / "光绪通宝"背"宝晋"铜钱 |
| 131 / "嘉庆通宝"背"宝福"铜钱 | 178 / "光绪通宝"背"宝荆"铜钱 |
| 132 / "嘉庆通宝"背"宝广"铜钱 | 179 / "光绪通宝"背"宝陕"铜钱 |
| 133 / "嘉庆通宝"背"宝桂"铜钱 | 180 / "光绪通宝"背"宝武"铜钱 |
| 134 / "嘉庆通宝"背"宝晋"铜钱 | 181 / "光绪通宝"背"宝浙"铜钱 |
| 135 / "嘉庆通宝"背"宝黔"铜钱 | 182 / "光绪通宝"背"宝泉宇"铜钱 |
| 136 / "嘉庆通宝"背"宝陕"铜钱 | 183 / "光绪通宝"背"宝泉宙"铜钱 |
| 137 / "嘉庆通宝"背"宝苏"铜钱 | 184 / "光绪通宝"背"宝泉往"铜钱 |
| 138 / "嘉庆通宝"背"宝云"铜钱 | 185 / "光绪通宝"背"宝泉来"铜钱 |
| 139 / "嘉庆通宝"背"宝浙"铜钱 | 186 / "光绪通宝"背"广库平一钱"铜钱 |
| 140 / "嘉庆通宝"背"宝直"铜钱 | 187 / "光绪重宝"背"宝源当拾"铜钱 |
| 141 / "道光通宝"背"宝源"铜钱 | 188 / "宣统通宝"背"宝泉"铜钱 |
| 142 / "道光通宝"背"宝泉"铜钱 | 189 / "正德通宝"背龙凤纹铜花钱 |
| 143 / "道光通宝"背"宝昌"铜钱 | 190 / "太平天国"背"圣宝"铜钱 |
| 144 / "道光通宝"背"宝东"铜钱 | 191 / "太平圣宝"背"天国"铜钱 |
| 145 / "道光通宝"背"宝广"铜钱 | 192 / 越南"景兴通宝"铜钱 |
| 146 / "道光通宝"背"宝桂"铜钱 | 192 / 越南"景兴巨宝"铜钱 |
| 147 / "道光通宝"背"宝陕"铜钱 | 193 / 越南"景兴泉宝"铜钱 |
| 148 / "道光通宝"背"宝苏"铜钱 | 193 / 越南"泰德通宝"铜钱 |
| 149 / "道光通宝"背"宝云"铜钱 | 194 / 越南"明德通宝"背"万岁"铜钱 |
| 150 / "道光通宝"背"宝浙"铜钱 | 195 / 越南"景盛通宝"铜钱 |
| 151 / "道光通宝"背"宝直"铜钱 | 196 / 越南"嘉隆通宝"铜钱 |
| 152 / "咸丰通宝"背"宝源"铜钱 | 196 / 越南"明命通宝"铜钱 |
| 153 / "咸丰通宝"背"宝泉"铜钱 | 197 / 越南"绍治通宝"铜钱 |
| 154 / "咸丰通宝"背"宝福"铜钱 | 197 / 日本"宽永通宝"铜钱 |
| 155 / "咸丰通宝"背"宝南"铜钱 | 198 / 日本"宽永通宝"背"文"铜钱 |
| 156 / "咸丰通宝"背"宝陕"铜钱 | 199 / 日本"宽永通宝"背"小"铜钱 |
| 157 / "咸丰通宝"背"宝苏"铜钱 | 200 / 日本"宽永通宝"背"元"铜钱 |
| 158 / "咸丰通宝"背"宝武"铜钱 | 201 / 日本"天保通宝"背"当百"花押纹铜钱 |
| 159 / "咸丰通宝"背"宝云"铜钱 | 202 / 日本"文久永宝"背水波纹铜钱 |
| 160 / "咸丰通宝"背"宝浙"铜钱 | 203 / 广东省造光绪元宝库平七分二厘银币 |
| 161 / "咸丰重宝"背"宝昌当十"铜钱 | 204 / 江南省造戊戌光绪元宝库平七分二厘银币 |
| 162 / "咸丰重宝"背"宝苏当十"铜钱 | 205 / 福建省造光绪元宝库平三分六厘银币 |
| 163 / "咸丰重宝"背"宝浙当十"铜钱 | 206 / 香港维多利亚女王像一毫银币 |
| 164 / "同治通宝"背"宝昌"铜钱 | 207 / 广东省造光绪元宝十文铜币 |
| 165 / "同治通宝"背"宝川"铜钱 | 208 / 四川省造光绪元宝十文铜币 |
| 166 / "同治通宝"背"宝南"铜钱 | 209 / 福建官局造光绪元宝十文铜币 |
| 167 / "同治通宝"背"宝浙"铜钱 | 210 / 江苏省造光绪元宝十文铜币 |
| 168 / "同治重宝"背"宝泉当十"铜钱 | 211 / 安徽省造光绪元宝十文铜币 |
| 169 / "光绪通宝"背"宝源"铜钱 | 212 / 河南省造光绪元宝十文铜币 |
| 170 / "光绪通宝"背"宝泉"铜钱 | 213 / 江西省造光绪元宝十文铜币 |

# 钱 币

**"半两"铜钱**

西汉（前206～公元25）

直径2.4厘米，厚0.1厘米

**"五铢"铜钱**

汉（前206～公元220）

直径2.5厘米，厚0.1厘米

**"大泉五十"铜钱**

新莽（9~23）

直径2.7厘米，厚0.1厘米

**"货泉"铜钱**

新莽（9~23）

直径2.3厘米，厚度0.2厘米

## "货布"铜布币

新莽（9～23）

长5.9厘米，宽2.3厘米，厚0.25厘米

## "开元通宝"铜钱

唐（618~907）

直径2.5厘米，厚0.2厘米

## "乾元重宝"铜钱

唐（618～907）

直径2.4厘米，厚0.1厘米

篆书 "唐国通宝" 铜钱

五代十国南唐（937～975）
直径2.4厘米，厚0.1厘米

隶书 "宋元通宝" 铜钱

北宋（960～1127）
直径2.4厘米，厚0.1厘米

隶书"太平通宝"铜钱

北宋（960～1127）

直径2.4厘米，厚0.1厘米

行书"淳化元宝"铜钱

北宋（960～1127）

直径2.4厘米，厚0.2厘米

**草书"淳化元宝"铜钱**

北宋（960～1127）

直径2.4厘米，厚0.1厘米

**真书"至道元宝"铜钱**

北宋（960～1127）

直径2.5厘米，厚度0.1厘米

**草书"至道元宝"铜钱**

北宋（960～1127）

直径2.5厘米，厚0.1厘米

**真书"咸平元宝"铜钱**

北宋（960～1127）

直径2.5厘米，厚0.1厘米

**真书"景德元宝"铜钱**

北宋（960～1127）

直径2.4厘米，厚0.1厘米

**真书"祥符元宝"铜钱**

北宋（960～1127）

直径2.5厘米，厚0.2厘米

真书"祥符通宝"铜钱

北宋（960～1127）

直径2.4厘米，厚0.2厘米

真书"天禧通宝"铜钱

北宋（960～1127）

直径2.4厘米，厚0.2厘米

**篆书"天圣元宝"铜钱**

北宋（960～1127）

直径2.5厘米，厚0.1厘米

**篆书"明道元宝"铜钱**

北宋（960～1127）

直径2.6厘米，厚0.1厘米

真书"景祐元宝"铜钱

北宋（960～1127）
直径2.5厘米，厚度0.1厘米

真书"庆历重宝"铜钱

北宋（960～1127）
直径3.2厘米，厚0.1厘米

**篆书"至和元宝"铜钱**

北宋（960～1127）

直径2.4厘米，厚0.1厘米

**真书"至和通宝"铜钱**

北宋（960～1127）

直径2.5厘米，厚0.1厘米

**真书"嘉祐元宝"铜钱**

北宋（960～1127）

直径2.4厘米，厚0.1厘米

**篆书"嘉祐通宝"铜钱**

北宋（960～1127）

直径2.5厘米，厚0.1厘米

**真书"嘉祐通宝"铜钱**

北宋（960～1127）

直径2.6厘米，厚0.2厘米

**篆书"治平元宝"铜钱**

北宋（960～1127）

直径2.4厘米，厚0.1厘米

**真书"治平元宝"铜钱**

北宋（960～1127）

直径2.4厘米，厚0.1厘米

**真书"治平通宝"铜钱**

北宋（960～1127）

直径2厘米，厚0.1厘米

**篆书"熙宁元宝"铜钱**

北宋（960～1127）

直径2.4厘米，厚度0.1厘米

**真书"熙宁元宝"铜钱**

北宋（960～1127）

直径2.4厘米，厚0.1厘米

**篆书"绍圣元宝"铜钱**

北宋（960～1127）

直径2.4厘米，厚0.1厘米

**行书"绍圣元宝"铜钱**

北宋（960～1127）

直径2.4厘米，厚0.1厘米

行书"元符通宝"铜钱

北宋（960～1127）

直径3厘米，厚0.1厘米

篆书"圣宋元宝"铜钱

北宋（960～1127）

直径2.3厘米，厚0.1厘米

**行书"圣宋元宝"铜钱**

北宋（960～1127）

直径3厘米，厚0.2厘米

**瘦金体"崇宁通宝"铜钱**

北宋（960～1127）

直径3.5厘米，厚0.2厘米

**隶书"崇宁重宝"铜钱**

北宋（960～1127）

直径3.5厘米，厚0.2厘米

**瘦金体"大观通宝"铜钱**

北宋（960～1127）

直径2.5厘米，厚0.2厘米

篆书"政和通宝"铜钱

北宋（960～1127）

直径2.5厘米，厚0.1厘米

隶书"政和通宝"铜钱

北宋（960～1127）

直径3厘米，厚0.2厘米

篆书"宣和通宝"铜钱

北宋（960～1127）

直径3.2厘米，厚0.2厘米

隶书"宣和通宝"铜钱

北宋（960～1127）

直径2.7厘米，厚0.1厘米

**篆书"建炎通宝"铜钱**

南宋（1127～1279）

直径3厘米，厚0.2厘米

**真书"建炎通宝"铜钱**

南宋（1127～1279）

直径2.8厘米，厚0.2厘米

真书 "绍兴元宝" 铜钱

南宋（1127～1279）
直径2.9厘米，厚0.2厘米

真书 "绍兴通宝" 铜钱

南宋（1127～1279）
直径2.8厘米，厚0.2厘米

真书"隆兴元宝"铜钱

南宋（1127～1279）
直径3厘米，厚0.2厘米

真书"乾道元宝"铜钱

南宋（1127～1279）
直径2.9厘米，厚0.2厘米

真书"淳熙元宝"铜钱

南宋（1127~1279）

直径2.9厘米，厚0.2厘米

### 真书"淳熙元宝"背"十四"铜钱

南宋（1127～1279）

直径2.9厘米，厚0.2厘米

## "绍熙元宝"背"二"铜钱

南宋（1127~1279）

直径3厘米，厚0.2厘米

## "庆元通宝"背"元"铜钱

南宋（1127～1279）
直径3厘米，厚0.2厘米

## "嘉泰通宝"背"四"铜钱

南宋（1127～1279）

直径3厘米，厚0.2厘米

## "嘉定通宝"背"六"铜钱

南宋（1127～1279）

直径2.9厘米，厚0.2厘米

## "大宋元宝"背"三"铜钱

南宋（1127～1279）

直径3厘米，厚0.2厘米

## "皇宋元宝"背"六"铜钱

南宋（1127～1279）

直径2.9厘米，厚0.1厘米

## "景定元寶"背"二"銅錢

南宋（1127~1279）

直徑2.9厘米，厚0.1厘米

"临安府行用准三百文省" 铜铸牌钱

南宋（1127～1279）

长5厘米，宽1.8厘米，厚0.2厘米

"正隆元宝"铜钱

金（1115～1234）

直径2.5厘米，厚0.1厘米

"大定通宝"铜钱

金（1115～1234）

直径2.5厘米，厚0.1厘米

**"至大通宝"铜钱**

元（1206～1368）

直径2.3厘米，厚0.1厘米

## "至正通宝"背"巳"铜钱

元（1206～1368）
直径3.3厘米，厚0.2厘米

**"大中通宝"铜钱**

元末明初

直径3.3厘米，厚0.3厘米

**"洪武通宝"铜钱**

明（1368～1644）

直径2.3厘米，厚0.1厘米

## "洪武通宝"背"浙"铜钱

明（1368～1644）

直径2.4厘米，厚0.1厘米

**"永乐通宝"铜钱**

明（1368～1644）

直径2.5厘米，厚0.1厘米

**"宣德通宝"铜钱**

明（1368～1644）

直径2.5厘米，厚0.1厘米

**"嘉靖通宝"铜钱**

明（1368～1644）

直径2.5厘米，厚0.1厘米

**"隆庆通宝"铜钱**

明（1368～1644）

直径2.5厘米，厚0.1厘米

**"万历通宝"铜钱**

明（1368～1644）
直径2.4厘米，厚0.1厘米

**"泰昌通宝"铜钱**

明（1368～1644）
直径2.5厘米，厚0.1厘米

## "天启通宝"铜钱

明（1368～1644）

直径2.5厘米，厚0.1厘米

**"崇祯通宝"铜钱**

明（1368～1644）

直径2.5厘米，厚0.1厘米

## "崇祯通宝"背"贵"铜钱

明（1368～1644）
直径2.4厘米，厚0.1厘米

## "隆武通宝"铜钱

南明 隆武年间（1645～1646）

直径2.5厘米，厚0.1厘米

## "永历通宝"背"户"铜钱

南明 永历年间（1646～1683）

直径2.4厘米，厚0.1厘米

## "大顺通宝"背"工"铜钱

明末清初（1644～1646）
直径2.7厘米，厚0.1厘米

**五两银锭**

明（1368～1644）
通长5.2厘米，通宽4厘米，通高2.5厘米

## "兴朝通宝"背"工"铜钱

清（1616～1911）

直径2.7厘米，厚0.1厘米

**"利用通宝"铜钱**

清（1616～1911）
直径2.4厘米，厚0.1厘米

**"昭武通宝"铜钱**

吴周 昭武元年（1678）
直径2.4厘米，厚0.1厘米

## "洪化通宝"铜钱

吴周 洪化年间（1679~1681）

直径2.3厘米，厚度0.1厘米

## "洪化通宝"背"工"铜钱

吴周 洪化年间（1679～1681）

直径2.4厘米，厚度0.1厘米

## "裕民通宝"背"浙一钱"铜钱

清（1616～1911）

直径3.7厘米，厚0.2厘米

"顺治通宝"铜钱

清（1616~1911）

直径2.5厘米，厚0.1厘米

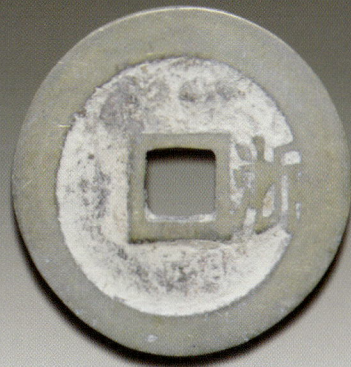

## "顺治通宝"背"浙"铜钱

清（1616～1911）
直径2.5厘米，厚0.1厘米

"顺治通宝"背"户一厘"铜钱

清（1616～1911）
直径2.6厘米，厚0.1厘米

## "顺治通宝"背"临一厘"铜钱

清（1616～1911）

直径2.4厘米，厚0.1厘米

## "顺治通宝"背"陕一厘"铜钱

清（1616～1911）

直径2.5厘米，厚0.1厘米

## "顺治通宝"背"宣一厘"铜钱

清（1616～1911）

直径2.5厘米，厚0.1厘米

**"顺治通宝"背"云一厘"铜钱**

清（1616～1911）

直径2.5厘米，厚0.1厘米

## "顺治通宝"背"浙一厘"铜钱

清（1616～1911）

直径2.5厘米，厚0.1厘米

## "顺治通宝"背"宝源"铜钱

清（1616～1911）

直径2.7厘米，厚0.1厘米

**"顺治通宝"背"宝泉"铜钱**

清（1616～1911）

直径2.7厘米，厚0.1厘米

## "顺治通宝"背"昌"铜钱

清（1616～1911）
直径2.7厘米，厚0.1厘米

## "顺治通宝"背"东"铜钱

清（1616～1911）

直径2.7厘米，厚0.1厘米

## "顺治通宝"背"河"铜钱

清（1616～1911）

直径2.7厘米，厚0.1厘米

## "顺治通宝"背"蓟"铜钱

清（1616～1911）

直径2.7厘米，厚0.1厘米

**"顺治通宝"背"江"铜钱**

清（1616～1911）

直径2.7厘米，厚0.1厘米

"顺治通宝"背"临"铜钱

清（1616～1911）
直径2.7厘米，厚0.1厘米

## "順治通寶"背"寧"銅錢

清（1616～1911）
直徑2.7厘米，厚0.1厘米

## "顺治通宝"背"陕"铜钱

清（1616～1911）

直径2.7厘米，厚0.1厘米

## "顺治通宝"背"同"铜钱

清（1616～1911）

直径2.7厘米，厚0.1厘米

## "顺治通宝"背"宣"铜钱

清（1616～1911）

直径2.7厘米，厚0.1厘米

## "顺治通宝"背"原"铜钱

清（1616～1911）
直径2.7厘米，厚0.1厘米

## "顺治通宝"背"浙"铜钱

清（1616～1911）
直径2.7厘米，厚0.1厘米

"康熙通宝"背"宝源"铜钱

清（1616～1911）

直径2.7厘米，厚0.1厘米

## "康熙通宝"背"宝泉"铜钱

清（1616～1911）
直径2.8厘米，厚0.1厘米

### "康熙通宝"背"同"铜钱

清（1616～1911）

直径2.7厘米，厚0.1厘米

## "康熙通宝"背"福"铜钱

清（1616～1911）

直径2.7厘米，厚0.1厘米

## "康熙通宝"背"临"铜钱

清（1616~1911）

直径2.7厘米，厚0.1厘米

## "康熙通宝"背"东"铜钱

清（1616～1911）
直径2.6厘米，厚0.1厘米

## "康熙通宝"背"江"铜钱

清（1616～1911）

直径2.7厘米，厚0.1厘米

### "康熙通宝"背"宣"铜钱

清（1616～1911）
直径2.7厘米，厚0.1厘米

## "康熙通宝"背"原"铜钱

清（1616～1911）

直径2.7厘米，厚0.1厘米

## "康熙通宝"背"苏"铜钱

清（1616～1911）

直径2.7厘米，厚0.1厘米

## "康熙通宝"背"蓟"铜钱

清（1616～1911）
直径2.7厘米，厚0.1厘米

## "康熙通宝"背"昌"铜钱

清（1616～1911）

直径2.7厘米，厚0.1厘米

## "康熙通宝"背"河"铜钱

清（1616～1911）

直径2.7厘米，厚0.1厘米

### "康熙通宝"背"宁"铜钱

清（1616～1911）

直径2.7厘米，厚0.1厘米

"康熙通宝"背"浙"铜钱

清（1616～1911）
直径2.7厘米，厚0.1厘米

## "康熙通宝"背"桂"铜钱

清（1616～1911）

直径2.7厘米，厚0.1厘米

## "康熙通宝"背"陕"铜钱

清（1616～1911）

直径2.7厘米，厚0.1厘米

## "康熙通宝"背"云"铜钱

清（1616～1911）

直径2.5厘米，厚0.1厘米

"康熙通宝"背"漳"铜钱

清（1616～1911）
直径2.8厘米，厚0.1厘米

### "雍正通宝"背"宝源"铜钱

清（1616～1911）

直径2.7厘米，厚0.1厘米

## "雍正通宝"背"宝云"铜钱

清（1616～1911）

直径2.7厘米，厚0.1厘米

## "雍正通宝"背"宝巩"铜钱

清（1616～1911）

直径2.6厘米，厚0.1厘米

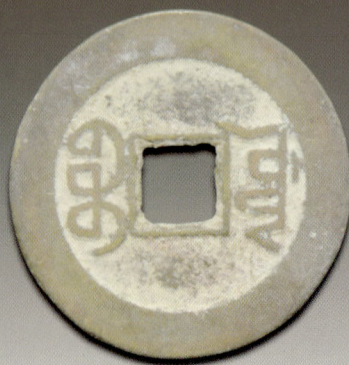

## "乾隆通宝"背"宝源"铜钱

清（1616～1911）
直径2.4厘米，厚0.1厘米

**"乾隆通宝"背"宝泉"铜钱**

清（1616～1911）

直径2.4厘米，厚0.1厘米

## "乾隆通宝"背"宝昌"铜钱

清（1616～1911）

直径2.4厘米，厚0.1厘米

## "乾隆通宝"背"宝川"铜钱

清（1616～1911）

直径2.5厘米，厚0.1厘米

## "乾隆通宝"背"宝福"铜钱

清（1616～1911）
直径2.4厘米，厚0.1厘米

**"乾隆通宝"背"宝广"铜钱**

清（1616～1911）

直径2.4厘米，厚0.1厘米

## "乾隆通宝" 背 "宝桂" 铜钱

清（1616～1911）

直径2.5厘米，厚0.1厘米

"乾隆通宝"背"宝晋"铜钱

清（1616～1911）
直径2.3厘米，厚0.1厘米

**"乾隆通宝"背"宝南"铜钱**

清（1616～1911）

直径2.3厘米，厚0.1厘米

**"乾隆通宝"背"宝黔"铜钱**

清（1616～1911）

直径2.5厘米，厚0.1厘米

## "乾隆通宝"背"宝陕"铜钱

清（1616～1911）

直径2.5厘米，厚0.1厘米

**"乾隆通宝"背"宝苏"铜钱**

清（1616～1911）

直径2.5厘米，厚0.1厘米

## "乾隆通宝"背"宝武"铜钱

清（1616～1911）

直径2.5厘米，厚0.1厘米

## "乾隆通宝"背"宝云"铜钱

清（1616～1911）
直径2.5厘米，厚0.1厘米

## "乾隆通宝"背"宝浙"铜钱

清（1616～1911）
直径2.5厘米，厚0.1厘米

**"乾隆通宝"背"宝直"铜钱**

清（1616～1911）

直径2.3厘米，厚0.1厘米

## "嘉庆通宝"背"宝源"铜钱

清（1616～1911）

直径2.5厘米，厚0.1厘米

**"嘉庆通宝"背"宝泉"铜钱**

清（1616～1911）

直径2.5厘米，厚0.1厘米

## "嘉庆通宝"背"宝昌"铜钱

清（1616～1911）

直径2.6厘米，厚0.1厘米

**"嘉庆通宝"背"宝川"铜钱**

清（1616～1911）

直径2.3厘米，厚0.1厘米

## "嘉庆通宝"背"宝东"铜钱

清（1616～1911）

直径2.4厘米，厚0.1厘米

## "嘉庆通宝"背"宝福"铜钱

清（1616～1911）

直径2.3厘米，厚0.1厘米

## "嘉庆通宝"背"宝广"铜钱

清（1616～1911）
直径2.5厘米，厚0.1厘米

## "嘉庆通宝"背"宝桂"铜钱

清（1616～1911）

直径2.4厘米，厚0.1厘米

## "嘉庆通宝"背"宝晋"铜钱

清（1616～1911）

直径2.3厘米，厚0.1厘米

## "嘉庆通宝"背"宝黔"铜钱

清（1616～1911）
直径2.6厘米，厚0.1厘米

## "嘉庆通宝"背"宝陕"铜钱

清（1616～1911）

直径2.4厘米，厚0.1厘米

### "嘉庆通宝"背"宝苏"铜钱

清（1616～1911）

直径2.5厘米，厚0.1厘米

## "嘉庆通宝"背"宝云"铜钱

清（1616～1911）

直径2.5厘米，厚0.1厘米

## "嘉庆通宝"背"宝浙"铜钱

清（1616～1911）

直径2.6厘米，厚0.1厘米

## "嘉庆通宝"背"宝直"铜钱

清（1616～1911）
直径2.3厘米，厚0.1厘米

**"道光通宝"背"宝源"铜钱**

清（1616～1911）

直径2.4厘米，厚0.1厘米

## "道光通宝"背"宝泉"铜钱

清（1616～1911）

直径2.3厘米，厚0.1厘米

142

## "道光通宝" 背 "宝昌" 铜钱

清（1616～1911）

直径2.5厘米，厚0.1厘米

"道光通宝"背"宝东"铜钱

清（1616～1911）
直径2.3厘米，厚0.1厘米

## "道光通宝"背"宝广"铜钱

清（1616～1911）

直径2.4厘米，厚0.1厘米

## "道光通宝"背"宝桂"铜钱

清（1616～1911）

直径2.4厘米，厚0.1厘米

## "道光通宝"背"宝陕"铜钱

清（1616～1911）

直径2.2厘米，厚0.2厘米

**"道光通宝"背"宝苏"铜钱**

清（1616～1911）
直径2.4厘米，厚0.1厘米

## "道光通宝"背"宝云"铜钱

清（1616～1911）
直径2.5厘米，厚0.1厘米

## "道光通宝"背"宝浙"铜钱

清（1616～1911）

直径2.3厘米，厚0.1厘米

## "道光通宝"背"宝直"铜钱

清（1616～1911）

直径2.4厘米，厚0.1厘米

## "咸丰通宝"背"宝源"铜钱

清（1616～1911）

直径2.2厘米，厚0.1厘米

**"咸丰通宝"背"宝泉"铜钱**

清（1616～1911）

直径2.2厘米，厚0.1厘米

## "咸丰通宝"背"宝福"铜钱

清（1616～1911）
直径2.5厘米，厚0.1厘米

### "咸丰通宝"背"宝南"铜钱

清（1616～1911）
直径2.2厘米，厚0.1厘米

## "咸丰通宝"背"宝陕"铜钱

清（1616～1911）
直径2.2厘米，厚0.2厘米

## "咸丰通宝"背"宝苏"铜钱

清（1616～1911）

直径2.1厘米，厚0.1厘米

## "咸丰通宝"背"宝武"铜钱

清（1616~1911）
直径2.2厘米，厚0.1厘米

"咸丰通宝"背"宝云"铜钱

清（1616～1911）

直径2.6厘米，厚0.1厘米

## "咸丰通宝"背"宝浙"铜钱

清（1616～1911）

直径2.4厘米，厚0.1厘米

## "咸丰重宝"背"宝昌当十"铜钱

清（1616～1911）

直径3.7厘米，厚0.2厘米

**"咸丰重宝"背"宝苏当十"铜钱**

清（1616～1911）
直径3.9厘米，厚0.3厘米

## "咸丰重宝"背"宝浙当十"铜钱

清（1616～1911）
直径3.7厘米，厚0.2厘米

## "同治通宝" 背 "宝昌" 铜钱

清（1616～1911）
直径2.2厘米，厚0.1厘米

## "同治通宝" 背 "宝川" 铜钱

清（1616～1911）

直径2.3厘米，厚0.1厘米

## "同治通宝"背"宝南"铜钱

清（1616～1911）
直径2.2厘米，厚0.1厘米

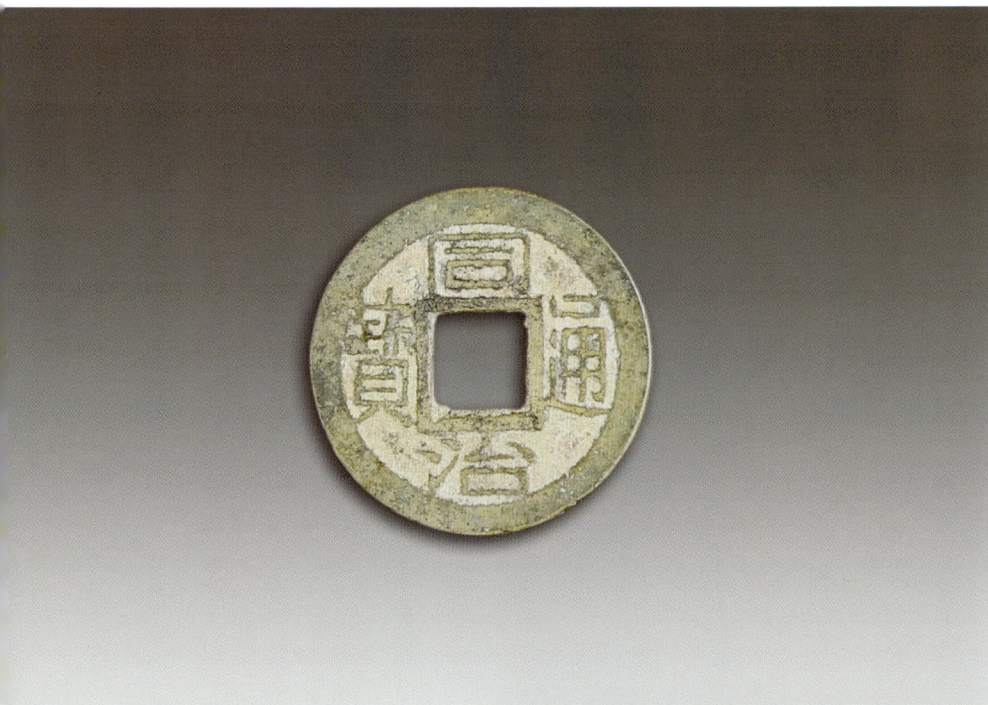

## "同治通宝"背"宝浙"铜钱

清（1616～1911）

直径2.3厘米，厚0.1厘米

## "同治重宝"背"宝泉当十"铜钱

清（1616～1911）
直径2.4厘米，厚0.1厘米

## "光绪通宝"背"宝源"铜钱

清（1616～1911）

直径2.2厘米，厚0.1厘米

## "光绪通宝"背"宝泉"铜钱

清（1616～1911）

直径2.4厘米，厚0.1厘米

## "光绪通宝"背"宝东"铜钱

清（1616～1911）

直径2.2厘米，厚0.1厘米

## "光绪通宝"背"宝福"铜钱

清（1616～1911）

直径2.2厘米，厚0.1厘米

**"光绪通宝"背"宝广"铜钱**

清（1616～1911）

直径2.4厘米，厚0.1厘米

## "光绪通宝"背"宝河"铜钱

清（1616～1911）
直径2.1厘米，厚0.1厘米

## "光绪通宝"背"宝湖"铜钱

清（1616～1911）

直径2.2厘米，厚0.1厘米

"光绪通宝"背"宝津"铜钱

清（1616～1911）

直径2厘米，厚0.1厘米

## "光绪通宝"背"宝晋"铜钱

清（1616～1911）

直径2厘米，厚0.1厘米

## "光绪通宝"背"宝荆"铜钱

清（1616～1911）

直径2.1厘米，厚0.1厘米

## "光绪通宝"背"宝陕"铜钱

清（1616～1911）

直径2.2厘米，厚0.1厘米

## "光绪通宝"背"宝武"铜钱

清（1616～1911）
直径2.1厘米，厚0.1厘米

## "光绪通宝"背"宝浙"铜钱

清（1616～1911）
直径2.2厘米，厚0.1厘米

## "光绪通宝"背"宝泉宇"铜钱

清（1616～1911）

直径2厘米，厚0.1厘米

## "光绪通宝"背"宝泉宙"铜钱

清（1616～1911）

直径2厘米，厚0.1厘米

**"光绪通宝"背"宝泉往"铜钱**

清（1616～1911）
直径2厘米，厚0.1厘米

### "光绪通宝"背"宝泉来"铜钱

清（1616～1911）

直径1.9厘米，厚0.1厘米

## "光绪通宝"背"广库平一钱"铜钱

清（1616～1911）
直径2.4厘米，厚0.1厘米

**"光绪重宝"背"宝源当拾"铜钱**

清（1616～1911）

直径2.6厘米，厚0.2厘米

**"宣统通宝"背"宝泉"铜钱**

清（1616～1911）

直径1.8厘米，厚0.1厘米

## "正德通宝"背龙凤纹铜花钱

清（1616～1911）

直径3.1厘米，厚0.2厘米

## "太平天国"背"圣宝"铜钱

太平天国（1851~1864）

直径2.4厘米，厚0.1厘米

### "太平圣宝"背"天国"铜钱

太平天国（1851～1864）

直径2.6厘米，厚0.2厘米

### 越南 "景兴通宝" 铜钱

越南后黎朝景兴年间（1740～1786）

直径2.4厘米，厚0.1厘米

### 越南 "景兴巨宝" 铜钱

越南后黎朝景兴年间（1740～1786）

直径2.4厘米，厚0.1厘米

**越南"景兴泉宝"铜钱**

越南后黎朝景兴年间（1740～1786）

直径2.5厘米，厚0.1厘米

**越南"泰德通宝"铜钱**

越南西山朝泰德年间（1778～1793）

直径2.3厘米，厚0.1厘米

越南"明德通宝"背"万岁"铜钱

越南西山朝泰德年间（1778～1793）
直径2.5厘米，厚0.1厘米

## 越南"景盛通宝"铜钱

越南西山朝景盛年间（1793～1801）
直径2.2厘米，厚0.1厘米

**越南"嘉隆通宝"铜钱**

越南阮朝嘉隆年间（1802~1819）
直径2.3厘米，厚0.1厘米

**越南"明命通宝"铜钱**

越南阮朝明命年间（1820~1841）
直径2.2厘米，厚0.1厘米

**越南"绍治通宝"铜钱**

越南阮朝绍治年间（1841～1847）
直径2.3厘米，厚0.1厘米

**日本"宽永通宝"铜钱**

日本江户时代（1603～1867）
直径2.4厘米，厚0.1厘米

## 日本"宽永通宝"背"文"铜钱

日本江户时代（1603~1867）

直径2.5厘米，厚0.1厘米

### 日本"宽永通宝"背"小"铜钱

日本江户时代（1603～1867）

直径2.3厘米，厚0.1厘米

## 日本"宽永通宝"背"元"铜钱

日本江户时代（1603~1867）
直径2.3厘米，厚0.1厘米

## 日本"天保通宝"背"当百"花押纹铜钱

公元19世纪

长4.9厘米，宽3.2厘米，厚0.3厘米

## 日本"文久永宝"背水波纹铜钱

日本文久三年至庆应三年（1863～1867）
直径2.7厘米，厚0.1厘米

### 日本"天保通宝"背"当百"花押纹铜钱

公元19世纪

长4.9厘米，宽3.2厘米，厚0.3厘米

## 日本"文久永宝"背水波纹铜钱

日本文久三年至庆应三年（1863～1867）

直径2.7厘米，厚0.1厘米

## 广东省造光绪元宝库平七分二厘银币

清（1616～1911）

直径1.8厘米，厚0.1厘米

## 江南省造戊戌光绪元宝库平七分二厘银币

清 光绪戊戌年（1898）

直径1.9厘米，厚0.1厘米

**福建省造光绪元宝库平三分六厘银币**

清（1616～1911）

直径1.6厘米，厚0.1厘米

## 香港维多利亚女王像一毫银币

清 光绪二十年（1894）

直径1.8厘米，厚0.1厘米

### 广东省造光绪元宝十文铜币

清（1616～1911）

直径2.8厘米，厚0.1厘米

## 四川省造光绪元宝十文铜币

清（1616～1911）

直径2.8厘米，厚0.1厘米

**福建官局造光绪元宝十文铜币**

清（1616～1911）

直径2.8厘米，厚0.1厘米

## 江苏省造光绪元宝十文铜币

清（1616～1911）

直径2.8厘米，厚0.1厘米

**安徽省造光绪元宝十文铜币**

清（1616～1911）
直径2.8厘米，厚0.1厘米

## 河南省造光绪元宝十文铜币

清（1616～1911）

直径2.8厘米，厚0.1厘米

### 江西省造光绪元宝十文铜币

清（1616～1911）

直径2.8厘米，厚0.1厘米

## 清江光绪元宝十文铜币

清（1616~1911）

直径2.8厘米，厚0.1厘米

## 山东省造光绪元宝十文铜币

清（1616～1911）

直径2.8厘米，厚0.1厘米

## 浙江省造光绪元宝十文铜币

清（1616～1911）
直径2.8厘米，厚0.1厘米

216

## 湖北省造光绪元宝当十铜币

清（1616～1911）

直径2.8厘米，厚0.1厘米

## 湖南省造光绪元宝当十铜元

清（1616～1911）

直径2.8厘米，厚0.1厘米

## 北洋光绪元宝十文铜币

清（1616~1911）
直径2.8厘米，厚0.1厘米

## 户部光绪元宝二十文铜币

清（1616～1911）
直径3.3厘米，厚0.2厘米

## 江南省造乙巳光绪元宝十文铜币

清 光绪乙巳年（1905）
直径2.8厘米，厚0.1厘米

## 光绪丙午户部"川"二十文大清铜币

清 光绪丙午年（1906）
直径3.3厘米，厚0.2厘米

## 光绪丙午户部十文大清铜币

清 光绪丙午年（1906）

直径2.8厘米，厚0.1厘米

## 光绪丙午户部"汴"十文大清铜币

清 光绪丙午年（1906）

直径2.8厘米，厚0.1厘米

## 光绪丙午户部"东"十文大清铜币

清 光绪丙午年（1906）

直径2.8厘米，厚0.1厘米

## 光绪丙午户部"湘"十文大清铜币

清 光绪丙午年（1906）
直径2.9厘米，厚0.1厘米

## 光绪丙午户部"浙"五文大清铜币

清 光绪丙午年（1906）

直径2.4厘米，厚0.1厘米

## 光绪丁未十文大清铜币

清 光绪丁未年（1907）

直径2.9厘米，厚0.1厘米

## 光绪丁未户部"粤"十文大清铜币

清 光绪丁未年（1907）

直径2.8厘米，厚0.1厘米

## 光绪丁未户部"宁"十文大清铜币

清 光绪丁未年（1907）

直径2.9厘米，厚0.1厘米

# 光绪戊申户部"粤"十文大清铜币

清 光绪戊申年（1908）
直径2.9厘米，厚0.1厘米

光緒戊申"鄂"一文銅幣

清 光緒戊申年（1908）
直徑1.2厘米，厚0.1厘米

## 光绪戊申"宁"一文铜币

清 光绪戊申年（1908）
直径1.2厘米，厚0.1厘米

## 宣統己酉二十文大清銅幣

清 宣統己酉年（1909）

直徑3.3厘米，厚0.2厘米

## 香港一千圆孔铜币

清 同治五年（1866）

直径1.5厘米，厚0.1厘米

## 香港愛德華七世像一仙銅幣

清 光緒三十年（1904）
直徑2.7厘米，厚0.1厘米

## 青岛大德国宝壹角镍币

清 宣统元年（1909）

直径2.1厘米，厚0.1厘米

## "福建通宝"背"二文"铜钱

中华民国（1912~1949）
直径2.4厘米，厚0.1厘米

## 广东省造贰毫银币

中华民国九年（1920）

直径2.3厘米，厚0.1厘米

## 福建官局造庫平一錢四分四厘貳毫銀幣

中华民国（1912~1949）

直径2.3厘米，厚0.1厘米

## 开国纪念十文铜币

中华民国（1912~1949）
直径2.8厘米，厚0.1厘米

## 五厘圆孔铜币

中华民国五年（1916）

直径2.3厘米，厚0.1厘米

242

## 河南"当十铜元"铜币

中华民国（1912~1949）

直径2.8厘米，厚0.1厘米

湖南省造"当二十铜元"铜币

中华民国（1912~1949）

直径3.3厘米，厚0.2厘米

### 九星当十湖南铜元

中华民国（1912~1949）

直径2.8厘米，厚0.1厘米

## 山西造"壹枚"当十文中华铜币

中华民国（1912~1949）

直径2.8厘米，厚0.1厘米

### 陕西省造二分铜币

中华民国（1912~1949）

直径3.2厘米，厚0.2厘米

## 四川嘉禾二百文銅幣

中華民國十五年（1926）

直徑3.5厘米，厚0.2厘米

248

## 古布图壹分铜币

中华民国二十五年（1936）
直径2.6厘米，厚0.1厘米

## 古布图半分铜币

中华民国二十五年（1936）
直径2厘米，厚0.1厘米

## 乔治五世像香港一仙铜币

中华民国二十二年（1933）
直径2.2厘米，厚0.1厘米

## 孙中山像古布图拾分镍币

中华民国二十八年（1939）
直径2.1厘米，厚0.1厘米

**孙中山像古布图五分镍币**

中华民国二十九年（1940）
直径1.7厘米，厚0.1厘米

253

## 香港乔治六世像五仙镍币

中华民国二十七年（1938）

直径1.6厘米，厚0.2厘米

**古布图伍分铝币**

中华民国二十九年（1940）

直径2厘米，厚0.2厘米

**古布图壹分铝币**

中华民国二十九年（1940）

直径1.6厘米，厚0.2厘米

**伪中国联合准备银行壹分铝币**

中华民国三十一年（1942）
直径1.6厘米，厚0.1厘米

## 交通銀行拾圓紙幣

中華民國三年（1914）

長15.9厘米，寬8.6厘米

# 交通银行伍圆纸币

中华民国二十四年（1935）
长15厘米，宽8.1厘米

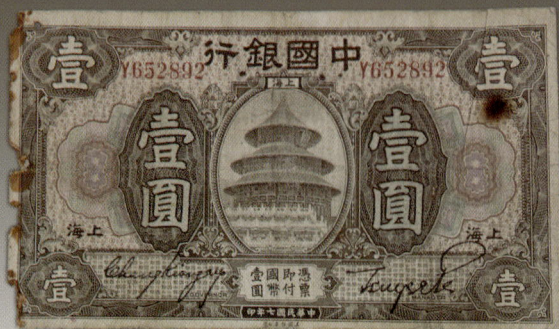

## 中国银行壹圆纸币

中华民国七年（1918）

长14.6厘米，宽8.3厘米

## 中国银行拾圆纸币

中华民国二十六年（1936）

长16.5厘米，宽8.5厘米

# 中央银行拾圆纸币

中华民国十七年（1928）

长14.6厘米，宽8.3厘米

## 中国实业银行伍圆纸币

中华民国二十年（1931）

长16厘米，宽8.8厘米

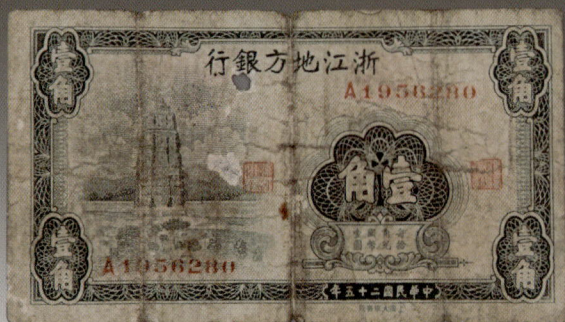

## 浙江地方銀行壹角紙幣

中華民國二十五年（1936）

長10厘米，寬5厘米

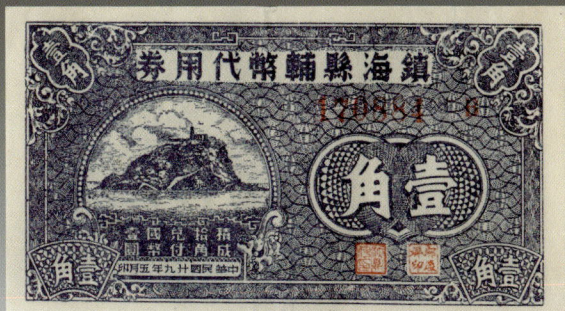

### 镇海县辅币代用券壹角纸币

中华民国二十九年（1940）
长5.4厘米，宽10厘米

## 伪中央储备银行壹百圆纸币

中华民国三十二年（1943）

长8.4厘米，宽17厘米

## 西属墨西哥费迪南六世8里亚尔地球双柱银币

1757年
直径3.2厘米，厚0.2厘米

## 英国维多利亚女皇青年像1先令银币

1861年

直径2.3厘米，厚0.2厘米

# 日本二十钱银币

日本明治四年（1871）

直径2.4厘米，厚0.1厘米

## 日本二十钱银币

日本明治四十二年（1909）

直径2厘米，厚0.1厘米

## 英属东非乔治六世像50分银币

1937年
直径2.1厘米，厚0.1厘米

## 英属东非乔治六世像1先令银币

1941年
直径2.7厘米，厚0.2厘米

## 荷兰1分铜币

1917年

直径1.9厘米，厚0.1厘米

## 美国林肯像1美分铜币

1920年

直径1.9厘米，厚0.1厘米

## 英属海峡殖民地乔治五世像1分正方形铜币

1920年
边长2.1厘米，厚0.2厘米

## 日本一钱铜币

日本大正九年（1920）

直径2.3厘米，厚0.1厘米

## 日本十钱圆孔铜币

日本昭和十四年（1939）

直径2.2厘米，厚0.2厘米

## 德国魏玛时期5芬尼铜币

1924年

直径1.8厘米,厚0.1厘米

**法国委任领地喀麦隆自由女神像1法郎铜币**

1925年
直径2.3厘米，厚0.2厘米

**加拿大乔治六世像1分铜币**

1939年
直径1.9厘米，厚0.1厘米

## 法属印度支那双像"百分之一"1分圆孔铜币

1937年

直径2.6厘米，厚0.1厘米

### 英属马来亚乔治六世像1/2分正方形铜币

1940年

边长1.8厘米，厚0.1厘米

**英属锡兰乔治六世像5分正方形铜币**

1942年
边长1.8厘米，厚0.1厘米

## 英属锡兰乔治六世像25分铜币

1943年
直径1.9厘米，厚0.1厘米

## 埃及法鲁克一世像5米利姆梅花形铜币

1943年
直径2.1厘米，厚0.1厘米

## 英国乔治六世像半便士铜币

1943年
直径2.5厘米，厚0.1厘米

## 英属印度乔治六世像1安娜梅花形铜币

1943年
直径2厘米，厚0.1厘米

## 英属印度乔治六世像1/2安娜菱形铜币

1943年

边长2.7厘米，厚0.1厘米

## 美国林肯像1美分铜币

1944年
直径1.9厘米，厚0.1厘米

## 美国杰斐逊像5美分铜银锰合金币

1942年
直径2.1厘米，厚0.2厘米

## 德国长翅鹰5芬尼镍币

1906年
直径1.8厘米，厚0.1厘米

## 比利时10分圆孔镍币

1904年

直径2.2厘米，厚0.1厘米

**美国自由女神像5美分镍币**

1906年
直径2.1厘米，厚0.2厘米

# 日本十錢圓孔鎳幣

日本大正十年（1921）

直徑2.2厘米，厚0.1厘米

## 日本十钱圆孔镍币

日本昭和二年（1927）

直径2.2厘米，厚0.1厘米

## 加拿大乔治五世像5分镍币

1929年
直径2.1厘米，厚0.2厘米

## 埃及法鲁克一世像5米利姆铜镍币

1937年

直径2.1厘米，厚0.1厘米

## 厄瓜多尔20分镍币

1937年

直径2.1厘米，厚0.1厘米

## 法属印度支那自由女神像5分圆孔铜镍币

1937年
直径2.4厘米，厚0.1厘米

## 法属印度支那自由女神侧面像10分镍币

1939年

直径1.8厘米，厚0.1厘米

## 美属菲律宾展翅鹰盾徽5分镍币

1944年
直径1.9厘米，厚0.2厘米

## 日本一钱铝币

日本昭和十四年（1939）
直径1.7厘米，厚0.2厘米

## 日本五钱铝币

日本昭和十五年（1940）
直径1.9厘米，厚0.2厘米

## 日本十钱铝币

日本昭和十七年（1942）
直径2.2厘米，厚0.1厘米

## 西班牙骑士像10分铝币

1941年
直径2.1厘米，厚0.1厘米